AF493942

OBSERVATIONS

PHILOLOGIQUES ET GRAMMATICALES

SUR

LE ROMAN DE ROU.

A PARIS,
DE L'IMPRIMERIE DE CRAPELET,
RUE DE VAUGIRARD, N° 9.

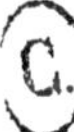

OBSERVATIONS

PHILOLOGIQUES ET GRAMMATICALES

SUR

Le Roman de Rou,

ET SUR QUELQUES RÈGLES

DE LA LANGUE DES TROUVÈRES

Au douzième siècle.

PAR M. RAYNOUARD,

De l'Institut royal de France (Académie Française et Académie des Inscriptions et Belles-Lettres), Secrétaire perpétuel honoraire de l'Académie Française.

ROUEN.

ÉDOUARD FRÈRE, ÉDITEUR,

LIBRAIRE DE LA BIBLIOTHÉQUE DE LA VILLE.

M. DCCC. XXIX.

des vers ; plusieurs sont restés sans rimes correspondantes ; ils dénaturaient arbitrairement le texte, en le modifiant d'après la prononciation ou l'écriture du temps, et surtout ils ne se donnaient pas la peine d'être conséquents, puisqu'ils conservaient, dans leurs transcriptions, ou rejetaient tour à tour les formes du texte primitif.

Toutefois, comme ils l'ont dénaturé diversement, il n'est pas difficile de le rétablir ; il suffit de conférer les différents manuscrits, et de choisir les variantes conformes aux règles grammaticales de leur temps.

Après avoir extrait d'un ouvrage inédit, que je me propose de publier sous le titre de GRAMMAIRE HISTORIQUE DE LA LANGUE FRANÇAISE, quelques passages relatifs à l'origine et aux variations de la langue des trouvères, j'en indiquerai les règles principales, dont la connaissance peut diriger les personnes qui ont à choisir, parmi les variantes des manuscrits de nos anciens écrivains, celles qui méritent d'être préférées.

L'application que je ferai de ces principes grammaticaux à l'ouvrage de Wace, facilitera une application pareille aux ouvrages des autres trouvères.

Ce sera presque toujours au texte imprimé du *Roman de Rou* que j'emprunterai les nombreux exemples qui démontreront l'existence des règles de l'époque, et le soin avec lequel Robert Wace s'y est conformé; cette circonstance seule fera apprécier l'importance de la publication de ce poëme.

Le manuscrit qui a servi principalement à l'édition du *Roman de Rou,* appartient au Muséum britannique; les terminaisons en EIR, EIS, EIT, etc., permettent de croire qu'il a été copié en Angleterre; le texte de la partie qui reste de ce manuscrit, est souvent plus complet que le texte des autres; mais il s'en faut de beaucoup qu'il soit pur et sans lacunes; souvent la même règle grammaticale, observée dans un vers, est violée dans le vers suivant; ainsi l'on trouve tour à tour, et presque à chaque page, l'observation fidèle et la violation évidente des règles grammaticales. Non seulement il manque à ce manuscrit quelques vers conservés dans les autres, et dont toutefois l'omission n'interrompt pas le sens du récit, mais encore le copiste a parfois omis des vers dont l'absence laisse sans rimes ceux auxquels ils auraient dû être joints. L'Appendice relatif à quelques unes de ces omissions, offrira la preuve matérielle de cette assertion.[1]

Le meilleur manuscrit, sous le rapport de l'observation des règles grammaticales, c'est le numéro 6987 de la Bibliothéque du Roi.

On regrette d'y trouver des lacunes considérables; mais en général elles ne nuisent pas au sens : des épisodes entiers manquent, ce qui permettrait de croire qu'ils n'exis-

---

[1] Ce manuscrit offre en plusieurs détails une heureuse observation des règles grammaticales de l'époque ; il suffira d'en citer un exemple remarquable.

La règle exigeait que le mot DUC, employé comme sujet au singulier, prît l's final, et le perdît comme régime.

Le manuscrit de Londres est le seul où l'on lise généralement DUCS ; le manuscrit 6987 observe sans doute suffisamment la règle en se servant de DUS ; mais elle est encore plus marquée dans le manuscrit du *British Museum* :

Sujet.	Robers fu DUC*s* enpres sun frere.	(v. 7453.)
	Li DUC*s* ama gieus covenables.	(v. 7499.)
	E li DUC*s* dist : vostre merci.	(v. 7516.)
	Li DUC*s* manda tutes ses genz.	(v. 7597.)
Régime.	Al DUC vint, si li cunta.	(v. 7094.)
	Al DUC parler si jeo poeie.	(v. 7154.)

taient pas dans le manuscrit sur lequel cette copie a été faite; ce sera à ce manuscrit 6987 que j'emprunterai les variantes les plus nombreuses et les plus considérables. M. de Bréquigny avait jugé qu'il était de la fin du XIIIe siècle; j'adhère à son opinion, et je renvoie aux détails et à la description qu'il en donne dans les notices des manuscrits de la Bibliothéque du Roi, tome V, page 21.

Le manuscrit du *British Museum* m'a fourni quelques variantes précieuses.

J'ai également conféré avec l'imprimé la copie moderne qu'avait fait faire M. de Sainte-Palaye sur d'autres manuscrits. Il est vraisemblable que ces manuscrits n'étaient que du XIVe et même du XVe siècle; on y trouve OUR au lieu d'OR, EUS au lieu d'OS, LES pour LI, etc. Toutefois le copiste a conservé assez souvent les formes anciennes, et j'y ai recueilli quelques variantes utiles.

Je n'ai pas négligé non plus les variantes d'un manuscrit d'André Duchesne qui avait copié celui de M. Du Monstier.

Si, pour compléter mes *Observations sur le Roman de Rou*, j'indique plusieurs variantes, c'est en faisant hommage de mes propres recherches et du résultat de mes études particulières au zèle des divers collaborateurs qui ont réuni leurs soins pour la publication d'un ouvrage également important, et comme monument littéraire, et comme monument historique; j'ai espéré ajouter un nouveau degré d'utilité au mérite de leur travail, auquel j'aime à rendre publiquement une entière justice.

Passy-lès-Paris, ce 14 mai 1829.

OBSERVATIONS

PHILOLOGIQUES ET GRAMMATICALES

SUR

LE ROMAN DE ROU,

ET SUR QUELQUES RÈGLES

DE LA LANGUE DES TROUVÈRES

AU XIIe SIÈCLE.

CHAPITRE PREMIER.

ORIGINE DE L'IDIOME DES TROUVÈRES; INDICATION DE QUELQUES UNS DES CARACTÈRES QU'IL A CONSERVÉS DE LA ROMANE PRIMITIVE.

IL est généralement reconnu aujourd'hui que de la corruption du latin se forma dans l'occident de l'empire romain, et surtout dans les Gaules, un idiome particulier.

La dégénération graduelle et les modifications diverses de la langue de Cicéron et de Virgile produisirent la romane rustique.

Une des principales modifications, ce fut de retrancher la plupart des désinences qui distinguaient les substantifs et les adjectifs latins, soit au singulier, soit au pluriel.

Les verbes perdirent pareillement leurs inflexions, mais non pas d'une manière aussi générale et aussi uniforme.

Pour suppléer à l'absence des signes qui indiquaient les cas, c'est-à-dire les sujets et les régimes, la langue romane créa des formes particulières aussi ingénieuses que faciles.

Indépendamment des articles qui, imités de l'adjectif démonstratif latin ILLE, et produits par les contractions variées de quelques uns de ses cas, furent ordinairement placés devant le substantif, le nouvel idiome distingua spécialement la plupart des substantifs et des adjectifs sujets par la présence du s final au singulier, et par son absence au pluriel.

Cette forme à la fois simple et satisfaisante était toute latine, et empruntée notamment aux substantifs et aux adjectifs en US.

Sujets.

	Latin	Langue des trouvères.
Singulier.	BON*US* MUR*US*,	BON*S* MUR*S*.
Pluriel.	BON*I* MUR*I*,	BON MUR.

Les régimes furent distingués par l'absence du

même s final au singulier, et par sa présence au pluriel.

Régimes.

	Latin.	Langue des trouvères.
Singulier.	BON*O* MUR*O*,	BON MUR.
	BON*um* MUR*um*,	BON MUR.
Pluriel.	BON*is* MUR*is*,	BONS MURS.
	BON*os* MUR*os*,	BONS MURS.

Quoique les serments de 842 soient le monument le plus ancien qui nous reste de cette romane grossière primitive, il n'en est pas moins évident qu'elle date de plus loin, et surtout qu'elle ne commença point lors de ces serments, qui, devant nécessairement être compris et approuvés par le peuple français et par une armée entière, étaient proclamés dans la langue vulgaire, dans l'idiome du peuple et de l'armée.

Qu'on examine ces serments; les désinences des mots latins y sont presque toujours tronquées, on y trouve l'observation de la règle fondamentale qui distinguait déjà le sujet et le régime par la présence ou par l'absence du s final.

J'ai eu la curiosité de vérifier en quelle proportion la plupart des mots contenus dans ces serments, sont restés répartis dans les diverses langues de l'Europe latine, et j'ai trouvé que le plus grand nombre se perpétua dans la langue des troubadours; un nombre presque aussi considérable dans celle des trouvères, et ensuite un plus petit nombre dans l'espagnol, dans le portugais et dans l'italien.

Je regarde comme certain qu'au plus tard, sous le règne de Charlemagne, la langue romane vulgaire, c'est-à-dire celle des serments de 842, était parlée dans la France actuelle, et même plus avant dans le Nord, ainsi que dans une grande partie de l'Italie et dans plusieurs pays de l'Espagne, en un mot par les peuples soumis à la domination de cet empereur en ces différentes contrées.

Quand la division de l'empire, isolant tous ces peuples, leur fournit l'occasion de travailler séparément cet idiome primitif, il en résulta peu à peu des anomalies, des changements, des diversités qui, en perfectionnant l'idiome grossier, constituèrent et individualisèrent chacune des langues de l'Europe latine.

Il serait difficile d'assigner l'époque précise de ces nombreuses modifications du langage commun; mais les faits suivants me paraissent incontestables :

1°. La langue des troubadours fut celle qui se rapprocha le plus des serments de 842;

2°. Les monuments qui nous restent de cette langue remontent à une date plus ancienne que ceux des autres langues de l'Europe latine;

3°. La langue même des troubadours paraît aussi fixée et formée dans les ouvrages des premiers de ces poètes que dans ceux des derniers.

4°. Pendant les trois siècles qu'elle acquit et conserva de la célébrité, elle ne subit presque pas de variation, et si elle cessa d'être en usage, ce fut l'effet des circonstances politiques et non celui de son altération;

5°. L'idiome des trouvères a non seulement des rapports intimes, mais une connexité évidente avec l'idiome des troubadours. Je ne crains pas d'affirmer que ce sont deux dialectes de la langue primitive, constatée par les serments de 842; j'accorderai pourtant le droit d'aînesse à l'idiome des troubadours, et j'ajouterai qu'il conserva plus intacte et plus pure sa part du patrimoine commun.

Ma grammaire comparée des langues de l'Europe latine dans leurs rapports avec la langue des troubadours, a présenté le tableau des principaux caractères de cette langue. J'en avais indiqué vingt-trois, et j'en ai retrouvé vingt-deux dans l'ancienne langue française, vingt dans la langue espagnole, dix-neuf dans la langue italienne et dix-huit dans la langue portugaise.

Primitivement l'ancien français, la langue des trouvères, différait très peu, du moins dans ses formes grammaticales, de la langue des troubadours.

La principale des causes qui établirent une différence plus apparente que réelle entre la langue d'OIL au nord de la France et la langue d'oc au midi, c'est que les habitants du nord prononçaient ou écrivaient en E la plupart des finales et des assonances, qui étaient écrites et prononcées en A soit dans le latin ancien ou corrompu, dont la langue romane s'était formée, soit dans cette langue même : ainsi VERITAT*em*, qui, dans la langue d'oc, produisait VERITAT, était prononcé et écrit en langue d'oil VERITET.

Le tableau suivant offrira divers exemples qui n'auront pas besoin de commentaire.

Substantifs.

Latin.	Langue des troubadours.	Langue des trouvères.
Caritat*em*,	caritat,	charitet.
Iniquitat*em*,	iniquitat,	iniquitet.
Majestat*em*,	majestat,	majestet.
Nativitat*em*,	nativitat,	nativitet.
Vanitat*em*,	vanitat,	vanitet.
Veritat*em*,	veritat,	veritet. [1]

Adjectifs verbaux ou participes.

Latin.	Langue des troubadours.	Langue des trouvères.
Somniat*um*,	sonjat,	songet. [2]

[1] *Grammaire comparée des langues de l'Europe latine*, etc., pages 38, 39, 40.

[2] Car jou l'avoie bien SONGIET.

(*Fab. et Cont. anc.*, tome IV, page 23.)

Latin.	Langue des troubadours.	Langue des trouvères.
Appella*tum*,	apelat,	appelet. [1]
Monstra*tum*,	monstrat,	monstret. [2]

Le participe de la langue romane primitive étant en AT au masculin, et en ATA ou ADA au féminin, la langue des trouvères conserva plusieurs substantifs formés du féminin de ces adjectifs verbaux; ces sortes de substantifs, tels que ACCOL*ade*, SAL*ade* [3], SÉRÉN*ade*, etc., restèrent dans la langue française; tandis que d'autres, tels que CARBON*ade*, CAVALC*ade*, etc., employés par cette langue, eurent leurs analogues et furent également désignés par les noms de CHARBONN*ée*, CHEVAUCH*ée*, etc.

Si l'on rétablissait, dans les plus anciens textes français, les A primitifs en place des E, on aurait identiquement la langue des troubadours. Cette circonstance, aussi décisive que certaine, explique les différences choquantes, surtout pour des étrangers, les anomalies qu'on rencontre si souvent dans notre langue entre les mots simples et les

---

[1] Se alquens est APELED de larcim. (*Lois de Guillaume-le-Conquérant, IV.*)

[2] Seit MUSTRED. (*Lois de Guillaume-le-Conquérant, VII.*)

[3] Il est même vraisemblable que, dans des temps postérieurs, quelques uns des substantifs en ADE ont été particulièrement empruntés à l'italien ou à l'espagnol, ou même créés par imitation des substantifs déjà existants.

mots composés ou dérivés ; ainsi, tandis que les uns ont subi la modification de l'A en E, les autres ont conservé fidèlement l'A primitif.

Le tableau suivant expliquera mon assertion.

Exemples de substantifs.

De CABAL*lus* latin est venu CAVAL dans la langue des troubadours : la langue des trouvères, en changeant l'A intérieur en E, a produit CH*e*VAL, CH*e*VAUCHER, tandis qu'elle a gardé CAVAL*ier*, CAVAL*erie*, CAVAL*cade*, etc.

Du latin CLAV*em*, les troubadours prirent CLAU, dont les trouvères firent CL*e*F ; et ils conservèrent toutefois CLAV*ier*, CLAV*icule*, *con*CLAV*e*, etc.

De même de NAV*em* latin, les troubadours eurent NAU, qui produisit chez les trouvères N*e*F, quoiqu'ils conservassent l'A primitif dans NAV*al*, NAV*ire*, NAU*frage*, NAV*iger*, etc.

SCALA latin se conserva entier dans les troubadours ; et les trouvères dirent ESC*he*LLE et ESC*he*LLER, mais ils gardèrent l'A primitif dans ESCAL*ier*, ESCAL*ade*.

Exemples d'adjectifs.

Le latin QUAL*is* avait fourni aux troubadours QUAL, que les trouvères modifièrent en QU*e*L ; mais leur langue conserva QUAL*ité*, QUAL*ifier*, etc.

Un grand nombre d'adjectifs venant du latin en ALi*s*, terminés en AL dans la langue des troubadours, ne changèrent point cette désinence primitive, tels que capit*al*, claustr*al*, ég*al*, fat*al*, fin*al*, lég*al*, princip*al*, roy*al*, spéci*al*, verb*al*, etc., etc.

D'autres ayant pris l'E en place de l'A, conservèrent pourtant cet A dans les mots analogues :

Casu*e*l,	casu*a*lité.
Crimin*e*l,	crimin*a*lité.
Mort*e*l,	mort*a*lité.
Natur*e*l,	natur*a*liste.
Personn*e*l,	personn*a*lité.
Ponctu*e*l,	ponctu*a*lité.
Ré*e*l,	ré*a*lité.
Sensu*e*l,	sensu*a*lité.
Spiritu*e*l,	spiritu*a*lité.
Univers*e*l,	univers*a*lité, etc., etc.

Une autre cause de différence entre les deux langues, et qui tient à celle que j'ai déjà énoncée, c'est que non seulement les finales qui étaient en A dans la langue des troubadours furent changées en E muet par les trouvères, mais encore cet E muet remplaça dans leur langue, et les finales qui, dans celle des troubadours, étaient en E moins muet, comme PAIR*e*, MAIR*e*, etc., et les finales muettes en I et en O.

Voici quelques exemples.

Substantifs.

Latin.	Troubadour.	Trouvère.
Breviar*ium*,	breviari,	breviaire.
Edifici*um*,	edifici,	edifice.
Notar*ius*,	notari,	notaire.
Sacrifici*um*,	sacrifici,	sacrifice.
Salar*ium*,	salari,	salaire.
Sanctuar*ium*,	sanctuari,	sanctuaire.
Servici*um*,	servici,	service.

Adjectifs.

Latin.	Troubadour.	Trouvère.
Adversar*ius*,	adversari,	adversaire.
Ordinar*ius*,	ordinari,	ordinaire.
Precar*ius*,	precari,	precaire.
Usurar*ius*,	usurari,	usuraire.

Les trouvères employèrent primitivement LO, CO, comme les troubadours, et les changèrent depuis en LE, CE.

Il m'aura suffi des développements qui précèdent pour faire juger, et de l'antiquité de la langue des trouvères, et de ses rapports intimes avec la langue des troubadours ; j'ajouterai pourtant qu'on rencontre quelquefois dans la langue des trouvères, et surtout dans le poëme de Rou, des vestiges de la langue primitive conservée, avec moins de modifications, dans la langue des troubadours. Ainsi, on retrouve sans altération des mots que la romane primitive terminait en AN, d'après la dérivation latine, et transformés postérieurement en EN dans la langue des trouvères; ce sont là des preuves irréfragables, des démonstrations matérielles de l'unité primitive des langues homogènes.

Voici de nombreux exemples tirés du Roman même de Rou.

Latin.	Troubadour.	Trouvère.	Français.
Christian*us*,	christian,	crestian,	chrétien.

Si volt CRESTIAN devenir.
(*Roman de Rou*, v. 559.)[1]

Latin.	Troubadour.	Trouvère.	Français.
Pagan*us*,	pajan,	paian,	païen.

Ke Rou é sis PAIANS en la terre sofreient.
(*Roman de Rou*, v. 1474.)[2]

---

[1] Quoique l'on ait dit, dès le XIIe siècle même, CHRÉTIEN au lieu de CRESTIAN, cette expression primitive n'a pas été entièrement abandonnée, et on la retrouve encore dans les écrits du XVe siècle.

Une ordonnance de Louis XI, de l'an 1478, emploie cet adjectif.

« Peuples CHRESTIANS.... Peuple CHRESTIAN.... »

[2] Ke Hastainz li PAIAN out destruite et wastée. (v. 2450.)
A duil moroieut cil ke PAIANZ ataignoient. (v. 4941.)
Tant i aveit PAIANZ, si com plusors disoient. (v. 4944.)
Tant a PAIANZ atrait contre li altres gens. (v. 4977.)
PAIANZ m'unt en lur col levé. (v. 8305.)
Cil ki sire ert en la cité,
PAIAN de grant nobilité. (v. 8346.)
Li PAIAN fu de grant valur. (v. 8355.)
Ne s'i porent PAIANS desfendre
De l'estendart k'il abati. (v. 14815.)
E des PAIANZ ke il ocist. (v. 14818.)

Latin.	Troubadour.	Trouvère.	Français.
Mortal*is*,	mortal,	mortal,	mortel.

Grant guerre a en sa terre de MORTALS anemis. [1] (v. 3896.)

Latin.	Troubadour.	Trouvère.	Français.
Natural*is*,	natural,	natural,	naturel.

Ke Richart ne perdissent lor NATURAL seingnor. [2] (v. 4625.)

Latin.	Troubadour.	Trouvère.	Français.
Tal*is*,	tal,	tal,	tel.

N'aveient mie usé ne apriz TAL mestier. [3] (v. 3966.)

J'indiquerai aussi, comme une preuve d'identité primitive, les terminaisons des substantifs et des adjectifs en OR, changé depuis en OUR ou en EUR. [4]

Une variante du manuscrit de M. de Sainte-Palaye, offre aux vers 6873—74 :

Encore estoient tuit PAIAN,
N'estoient mie CRESTIAN.

[1] Par vos l'oussent ociz si MORTAL anemi. (v. 4389.)
Quer li un teneit l'altre por MORTAL anemi. (v. 1114.)

[2] Guillame est sun NATURAL sire. (v. 9050.)
Li filz sun NATURAL seignor. (v. 9823.)
A vostre NATURAL seignor. (v. 11208.)
Barunz, font-il, franc, NATURAL. (v. 7810.)

[3] TAL vient sain à medlée ki el despartir saingne. (v. 3952.)
Kar TAL perte i ont fete ke ja n'iert restorée. (v. 4023.)
TAL duil en out Thiebaut, por poi ne fu desvez. (v. 4855.)
Se il iert TAL cum l'um diseit. (v. 7146.)
Od TALS armes se cumbateient. (v. 13736.)
Ki o treis chenz armez out de TAL gent victoire. (v. 2270.)

[4] Voyez dans le *Roman de Rou*, v. 2857—66, 4608—3631,

Latin.	Troubadour.	Trouvère.	Français.
Amor*em*,	amor,	amor,	amour.
Dolor*em*,	dolor,	dolor,	douleur.
Melior*em*,	meillor,	meillor,	meilleur.

Je citerai pareillement les terminaisons des adjectifs en os, changées d'abord en ous et ensuite en EUX, mais qui n'ont jamais varié dans la langue des troubadours.

Latin.	Troubadour.	Trouvère.	Français.
Glorios*um*,	glorios,	glorios,	glorious.
			glorieux.

---

les substantifs *amor*, *chalor*, *flor*, *honor*, *valor*, *vigor*, etc., et vers 14 et 4632, les adjectifs *meillor* et *ancianor*.

Voyez aussi sur les adjectifs en OR, les vers 1062, 1851, 2367, 2368, etc.

Il est remarquable qu'à l'occasion du mot PRIOR, qui se trouve dans une chanson du roi de Navarre, M. Lévêque de La Ravallière ait fait, tome II, page 275 de l'édition qu'il a donnée de ce roi poète, la remarque suivante :

« PRIORS, prieur, chef de communauté.

« Ha! M. le PRIOUR, mon amy, M. le priour, sauvez-moi. « (Rabelais.)

« Ce mot, avant d'avoir été françois parfait, a passé par trois « âges; on a dit d'abord PRIORS, ensuite PRIOUR, et maintenant « PRIEUR. Combien de mots dans notre langue, qui ont eu autant « de peine à se façonner! »

N'était-il pas singulier de faire une telle remarque pour restreindre au mot PRIEUR une observation qui est applicable à tous les mots de la langue qui ont eu ces terminaisons? car à peine est-il resté quelques uns de ces mots primitifs, tels que *major*, etc.

Ki tos tems fu mult glorios. [1] (v. 15633.)

Je regarde encore comme un vestige de la romane primitive les mots conservés du radical pur latin, tels que AUR d'AUR*um*. Les troubadours ont toujours écrit AUR, et les trouvères quelquefois; on lit, dans le texte imprimé du *Roman de Rou*,

Conveitus fu d'AUR e d'argent. [2]

Le mot FÉ, employé par les troubadours, se retrouve plusieurs fois dans le texte imprimé du *Roman de Rou;* les trouvères se servirent ensuite de FEI ou FOI.

Par ma FÉ, dist Richart, jo ai encor saige esté. (v. 5020.)
Par ma FÉ, dist Richart, jo te l'otrei issi. (v. 5116.)
FÉ li plevi, sis huem devint. (v. 6125.)

---

[1] Sor un cheval sist MERVEILL*os;*
Dous Engleiz vit mult ORGUILL*os*. (v. 13430—31.)
Mult cruels é mult DEDAIGN*os* (v. 10002.)
Maiz mult esteit PR*oz* é hardiz. (v. 13686.)
ORGUILL*os* sunt Normant é fier. (v. 14253.)
ENGIN*os* fu, sis aresta. (v. 16287.)
Envious, chevalerous, hontous, damagous, rous, etc. (v. 4410—4418.)

[2] Asez li duna biax destriers,
AUR et argent, dras é deniers. (v. 6571.)
E vaissels d'AUR é d'argent. (v. 6568.)
Sun pesant d'AUR l'ad achatée. (v. 6535.)

CHAPITRE II.

PREUVES HISTORIQUES DE L'ANCIEN USAGE DE LA LANGUE ROMANE RUSTIQUE DANS LE NORD DE LA FRANCE.

DANS les preuves historiques de l'ancienneté de la langue romane [1], j'ai rapporté les passages des deux vies d'Adhalard, abbé de Corbie, né en 750; ces passages attestent l'existence de la langue romane au VIIIe siècle.

Le premier biographe dit : « S'il parlait la « langue vulgaire, ses paroles coulaient avec « douceur; s'il parlait la langue barbare, qu'on « appelle théotisque, il brillait par l'éloquence « de la charité. »

Et le second : « S'il parlait en langue vulgaire, « c'est-à-dire romane, on eût cru qu'il ne savait « que celle-là; s'il parlait en langue teutonique, « il brillait encore plus. » [2]

---

[1] *Choix des Poésies originales des Troubadours*, tome Ier.

[2] *Quem si vulgò audisses, dulcifluus emanabat; si verò idem barbarâ, quam Teutiscam dicunt, linguâ loqueretur, præeminebat caritatis eloquio.*

Qui si vulgari, id est romanâ linguâ loqueretur omnium aliarum putaretur inscius.... si verò Theutonicâ, enitebat perfectiùs. (*Acta SS. II januarii*, tom. I, pag. 109 et 116.)

Mais une observation qui n'avait pas encore été faite, c'est que l'opposition de langue VULGAIRE, désignée par le nom de ROMANE, à la BARBARE, désignée par le nom de THÉOTISQUE ou TEUTONIQUE, prouve que la romane était la langue de la contrée où naquit et où habita Adhalard, située au nord de la France; et que la langue THÉOTISQUE, désignée par le nom de BARBARE, c'est-à-dire d'étrangère, n'était pas vulgaire dans les pays où se trouvait l'abbé de Corbie, et où Paschase Ratbert et Gérard de Corbie, ses biographes, écrivirent leurs ouvrages.

La *Chronique du monastère de Saint-Trudon* fournit un autre passage relatif à la langue romane.

Cette Chronique dit, d'un abbé vivant en 999, que « sa langue native n'était pas la teutonique, « mais celle que par corruption on appelle ro- « mane, et qu'en teutonique on appelle wallone. »[1]

Sans doute les Danois qui s'établirent en France purent conserver l'usage de leur propre langue pour leurs relations privées, mais ils ne la communiquèrent pas aux indigènes; aussi Dudon de Saint-Quentin rapporte qu'à l'époque où, après

---

[1] *Igitur primus Adelardus factus abbas hujus loci anno DCCCCXCIX, nativam linguam non habuit teutonicam, sed quam corruptè nominant romanam, teutonicè walloniam.* (*Chr. abb. sancti Trudonis; D'Acherii spicil.*, tom. II, p. 660.)

l'établissement d'Hasting, qui possédait la ville de Chartres, Rollon arriva à la tête d'une troupe de Danois, Rainaud, duc de France, dit à Hasting : « Toi qui es de cette nation, donne-nous « conseil », et que Hasting conseilla d'envoyer des députés. Rainaud le pria d'aller vers Rollon, et Hasting répondit : « Je ne m'y rendrai pas « seul. » On envoya donc avec lui deux guerriers qui savaient la langue danoise. [1]

Quand Rollon, faisant la paix avec Charles-le-Simple, roi de France, épousa sa fille et adopta la religion chrétienne, il fut obligé, pour gouverner le pays et les habitants de la Neustrie, dont il devenait duc, d'adopter non seulement la langue latine, qui était celle de la religion, du gouvernement et des tribunaux, mais encore la langue vulgaire, c'est-à-dire la langue romane, qui était celle des habitants devenus ses sujets.

La chronique d'Ademar dit : « A la mort de « Rollon, Guillaume, son fils, commanda en sa « place; Guillaume avait été baptisé dès son en-« fance, et la foule des Normands, qui ha-« bitaient près de la France, avait embrassé la

[1] *Tunc Ragnoldus, princeps totius Franciæ, dixit Anstigno : ....Da nobis consilium.... Anstignus respondit: Non ibo solus; miserunt autem duos milites cum eo, daciscæ linguæ peritos.* (*Dudo S. Quintini*, lib. II, pag. 76.)

« religion chrétienne, et oubliant son idiome « étranger, elle s'était accoutumée au langage « latin. »[1]

Voilà la langue danoise en quelque sorte déjà exclue de la Normandie.

Aussi Dudon de Saint-Quentin, qui écrivait vers l'an 1000, parlant de l'éducation de Richard, fils de Guillaume Ier, duc de Normandie, rapporte en ces termes un ordre de ce duc :

« Et comme la ville de Rouen se sert de la « langue romane de préférence à la langue da-« noise, et que la ville de Bayeux use plus fré-« quemment de la danoise que de la romane, je « veux que mon fils soit conduit au plus tôt dans « les murs de Bayeux. »[2]

Benoît de Sainte-Maure, dans son *Poëme sur*

---

[1] *Tunc Roso defuncto comite rodomense, filius ejus Willelmus loco ejus præfuit. Hic fuit à pueritiâ baptisatus omnisque eorum Normanorum, qui juxta Franciam inhabitaverunt, multitudo fidem Christi suscepit et gentilem linguam omittens, latino sermone assuefacta est,* (*Chr. Ademari; Labbe, Nov. bibl. man.*, tom. II, pag. 166.)

[2] *Quoniam quidem Rotomagnensis civitas romanâ potiùs quàm daciscâ utitur eloquentiâ, et Bajocacensis fruitur frequentiùs daciscâ linguâ quàm romanâ, volo igitur ut ad bajocacensia deferatur quantociùs moenia, et ibi volo ut sit.... et enutriatur, et educetur cum magnâ diligentiâ, fervens loquacitate daciscâ, tàmque discens tenaci memoriâ, ut queat sermocinari profusiùs olim contra Dacigenas.* (*Dudo S. Quintini*, lib. III, pag. 112.)

l'Histoire des Ducs de Normandie, s'exprime d'une manière encore plus positive :

> Si à Roëm le faz garder
> E norir gaires longement,
> Il ne saura parler neient
> Danëis ; KAR NUL NE L'I PAROLE ;
> Si voil qu'il seit à tele escole
> Que as Daneis sache parler ;
> CI NE SAVENT RIEN FORS ROMANZ :
> Mais a Baiues en a tanz
> Qui ne savent si Daneis non. [1]

Que conclure de ces textes, sinon que dans la ville de Rouen, capitale de la Normandie, lieu de la résidence des ducs et de leur cour, la langue romane dominait tellement, que le fils de Guillaume n'eût pas trouvé à y apprendre la langue danoise?

Cependant il était nécessaire que le jeune prince connût une langue que parlaient encore plusieurs de ses futurs sujets; il était important qu'il étudiât cette langue par le secours de laquelle il devait maintenir ses rapports d'amitié, d'alliance et de politique avec le Danemarck et avec le Nord; son père fut réduit à l'envoyer à Bayeux, situé vers les bords de la mer, habité principalement par les gens du Nord, que la politique de Rollon et de son fils avait éloignés du siége du gouvernement.

---

[1] Depping, *Histoire des Expéditions maritimes des Normands*, tome II, page 156.

Il est remarquable, mais non pas surprenant, que les Danois eussent transporté dans le Nord l'usage de la langue française, circonstance dont on ne peut guère douter d'après un passage de Wace.

Lorsqu'en 945, le roi de France, Louis d'Outre-Mer, tenta de ravir la Normandie au jeune duc Richard Ier, les Normands, affectionnés à leur prince, appelèrent le secours d'Héroult ou Harald qui avait déjà séjourné à Cherbourg.

Le Roi des Danois arriva avec une armée.

Il y eut une conférence entre lui et le roi de France, entre les Français et les Normands.

Un Normand blâma Herloin, comte de Ponthieu, de se trouver avec les Français; il lui reprocha le meurtre de Guillaume-Longue-Épée, père de Richard.

Un Daneiz out de juste ki out tot escolté,
Coment li chevalier ont Herloin blasmé,
Al Normant s'aprisma, si li a demandé
Ki ert li riches hons à ki il out parlé,
E cil li dist : Herloin. . . . .
Li Daneiz passe avant, si a son colp levé,
Jo ne sai o kel arme li chief li a colpé. (v. 3677, etc.)

Dans le xe siècle, non seulement la langue française était connue hors de la France, en Danemarck, mais encore en Angleterre, en Allemagne.

Au concile de Mouson-sur-Meuse, en l'année

995, l'évêque de Verdun parla en idiome français.[1]

Entre autres chefs d'accusation Arnoul, archevêque de Reims, fut poursuivi à cause d'un traité fait en langue vulgaire[2] avec les ennemis du roi Hugues Capet.

On trouve dans le roman même de Rou qu'au xe siècle, et sous le règne de Louis d'Outre-Mer, Henri, empereur d'Allemagne, envoya un ambassadeur à Guillaume, duc de Normandie, et que cet ambassadeur,

Cosne sout en thioiz et en normant parler. (v. 2377.)

Le même auteur, vers 2509, dit, en parlant de Richard Ier. :

Richart sout en daneiz et en normant parler.[3]

---

[1] *Aimo episcopus surrexit et* GALLICÈ *concionatus est.* (*Harduin, concil.*, tom. VI, pag. 734.)

[2] *Domino tuo regi portas civitatis obstruxisti : Karolo, quoties sibi libuit, aperuisti. Nec ad professionem tui chirographi respicere voluisti, cùm inimicis dominorum tuorum consilium et auxilium, secundum scire tuum et posse, subministraret. Nunquid et hæc negare contendes? Addebat etiam de pactis et constitutis in* VULGARI LINGUA *cum eodem habitis, quibus episcopos à suâ subjectione quasi emancipaverat, si à chirographi conditionibus declinasset.* (Du Chesne, *Histor. franc.*, tom. IV, pag. 109 et 110.)

[3] Parmi les notes savantes et judicieuses que M. A.-L. Prevost a fournies pour éclaircir ou expliquer le texte du *Roman de Rou*, il en est une qui ne laisse aucun doute sur le sens de la langue normande, c'est-à-dire romane. (*Roman de Rou*, t. I, p. 126.)

Comme on attribue assez généralement à la conquête de Guillaume l'introduction de la langue française en Angleterre, je crois convenable de rassembler ici diverses circonstances qui prouvent qu'elle y était déjà en usage avant l'époque où la loi même ordonna de l'adopter exclusivement dans les tribunaux, dans les écoles et surtout à la cour.

En 856, Judith, fille de Charles-le-Chauve, épousa Ethewolf, roi d'Angleterre, qui était venu deux fois à la cour de France; ce prince mourut en 860, et Judith épousa le nouveau roi, fils de son premier époux. Ce mariage ne méritait pas d'être heureux, et il ne le fut pas. Cette princesse revint à la cour de France.

Il est plus que probable que les deux rois d'Angleterre n'ignoraient pas la langue de Judith : le premier avait paru deux fois à la cour de Charles-le-Chauve; le séjour de la princesse en Angleterre, et la grande influence que lui donnaient ses manières aimables, sa jeunesse et sa rare beauté, contribuèrent, sans doute, à introduire dans cette île l'idiome des trouvères.

Une fille d'Édouard Ier, mort en 924, Ogive, avait été mariée à Charles-le-Simple, roi de France. Pendant la captivité de son époux, la reine de France se retira en Angleterre avec son fils, le prince Louis, qui, ensuite appelé au trône, fut surnommé d'Outre-Mer.

Éthelred II, roi d'Angleterre, avait épousé, en 1002, Emme, fille de Richard Ier, duc de Normandie; et l'auteur anonyme de la vie de cette princesse assure que ces époux envoyèrent en Normandie deux de leurs enfants pour y être élevés [1]; l'un d'eux était Édouard, appelé plus tard *le Confesseur,* qui, avant de parvenir au trône d'Angleterre, passa ainsi plusieurs années en Normandie, auprès du duc Robert et de Guillaume son fils; et lorsqu'Édouard eut été couronné à Londres, Guillaume alla le visiter avec une suite nombreuse de grands seigneurs.

L'historien Ingulfe dit à cet égard : « Admis « auprès de Guillaume, et chargé de diverses af- « faires qui se terminèrent heureusement, j'ob- « tins bientôt son affection; je le suivis en Nor- « mandie : devenu son secrétaire, je gouvernais « sa cour. » [2]

Ces détails prouvent qu'Ingulfe connaissait et parlait la langue française à la cour d'Édouard, et qu'on y entendait la langue de Guillaume et des seigneurs qui l'accompagnaient.

---

[1] *Alios verò liberales filios educandos direxerunt Normanniæ, istum hìc retinentes sibi ut pote futurum heredem regni..... Duo verò alii in Normanniæ finibus ad nutriendum traditi, cum propinquo suo degebantur Roberto.* (*Emmæ Anglorum reginæ encomium*, pag. 172, 174.)

[2] Ingulfi, *Histor. inter. rer. angl. scriptores*, pag. 903.

Un autre historien nous apprend que le même roi Édouard avait envoyé Hérald, son neveu, auprès du duc de Normandie, pour y être élevé, parce que c'était l'usage des nobles Anglais d'envoyer leurs enfants en France, afin qu'ils fussent exercés au maniement des armes, et qu'ils perdissent la barbarie de la langue de leur pays. [1]

Il faut remarquer ici que, depuis long-temps, en Angleterre, l'écriture française remplaçait l'écriture saxonne; Ingulfe dit à ce sujet que cette nouvelle forme d'écrire datait du règne d'Alfred, qui avait été parfaitement instruit dans toutes les belles lettres par des savants français. [2]

---

[1] *Dum pueriles ageret annos, ex mandato regis avunculi sui, apud ducem Neustriæ quam vulgò Normanniam vocant, educatur; eò quòd apud nobilissimos Anglos usus teneat filios suos apud Gallos nutriri, ob usum armorum et linguæ nativæ barbariem tollendam.* (Gerv. Tilb., *Otia imper*, n° 20.)

[2] *Quæ cuncta manu saxonicâ scripta erant.... Quæ partim duplicatè tàm gallicâ manu quàm saxonicâ scribebantur. Manus etenim saxonica ab omnibus Saxonibus et Merciis usque ad tempora regis Alfredi, qui, per gallicanos doctores omnibus literis apprimè instructus erat, in omnibus chirographis usitata, à tempore regis dicti desuetudine viluerat, et manus gallicana, quia magis legibilis et aspectui perdelectabilis præcellebat, frequentiùs in dies apud omnes Anglos complacebat: et licet omnibus Gallicis et Normanis manus saxonica extiterat inusitata penitus et invisa, ac tunc maximè cum gente suâ contemptui habita et nimiùm inacceptata..... Universa monumenta nostra tàm manu saxonicâ quàm gallicanâ,* etc. (Ingulfi *Histor.*, pag. 912.)

Avant la conquête de Guillaume-le-Bâtard, non seulement la cour d'Angleterre parlait la langue française, mais encore les seigneurs et les grands affectaient de l'admettre dans leurs cours particulières. [1]

Qu'on ne soit donc pas étonné quand l'auteur de l'*Essai sur l'Origine de la Poésie écossaise*, dit que Malcolm Ier, devenu roi d'Écosse en 945, avait, depuis sa jeunesse, adopté la langue française, qui était celle de la cour d'Angleterre [2], langue dans laquelle il devait faire hommage au roi d'Angleterre.

---

[1] *Rex autem Edwardus natus in Angliâ, sed nutritus in Normanniâ et diutissimè immoratus, penè in Gallicum transierat, adducens ac attrahens de Normanniâ plurimos quos variis dignitatibus promotos in immensum exaltabat...... Cœpit ergò tota terra, sub rege et sub aliis Normannis introductis, anglicos ritus dimittere et Francorum mores in multis imitari; Gallicum idioma omnes magnates in suis curiis tamquàm magnum gentilitium, loqui*, etc. (Ingulfi, *Hist.*, p. 905.)

[2] *In* 945, *Edmund king of England gave Cumberland to Malcolm I king of Scotland.... Now the prince, it may be supposed, did not use the Galic in a country where it was never spoken; but remaining there, from early youth, adopted french, the court-tongue of England, in which country his principality was, and to the king of which he was bound to do homage.* (Maitland, *An Essay on the orig. of Scotish poetry*, p. lxiij.)

CHAPITRE III.

EXISTENCE DES RÈGLES GRAMMATICALES DE LA LANGUE FRANÇAISE AU XIIe SIÈCLE.

Le seul fait que la langue française était connue et parlée, non seulement en France, mais encore dans les pays étrangers, suffirait pour démontrer l'existence de règles convenues et fixes; car ce n'était qu'en les étudiant et en les pratiquant que les habitants pouvaient s'entendre parmi eux et les étrangers s'entendre avec les habitants.

Une preuve non moins décisive résulte de la publication quelconque d'ouvrages considérables écrits en vers. Croira-t-on qu'un poète tel que Robert Wace, ou Benoît de Sainte-Maure, eût consacré sa vie entière et son talent à rimer, à composer dans une langue encore informe, dans une langue où les désinences, les tournures, en un mot tous les signes qui peignent la pensée ou animent les images, auraient été arbitraires? Je doute qu'il se fût entendu lui-même; mais je suis bien certain que ses lecteurs, et moins encore ses auditeurs, ne l'auraient pas compris.

Je ne crains pas d'avancer qu'il n'a été composé aucun ouvrage considérable dans aucune langue, même dans la plus grossière, avant qu'elle eût des formes déterminées pour exprimer non seulement les idées, mais encore les diverses nuances qui les modifient tour à tour ou à la fois, en raison du temps, du nombre et des relations des personnes.

Moins les peuples sont instruits, plus il est nécessaire que les conventions du langage soient fixes, déterminées, et qu'il ne soit pas livré au caprice de ceux qui le parlent.

Ainsi, la théorie nous conduirait à adopter l'hypothèse qu'au XIIe siècle la langue française était soumise à des règles déterminées, par cela seul qu'on composait en français des ouvrages longs et importants, et qu'on en composait même hors de la France.

Quant à Wace, on ne sera pas surpris qu'il ait écrit aussi correctement que l'époque le permettait; il avait étudié en France, c'est-à-dire à Paris ou dans une autre ville soumise directement au Roi :

> A Caem fu petis portez,
> Iluec fu à leitres mis,
> Puiz fu lunges en France apris;
> Quant de Fraňce jo repairai,
> A Caem lunges conversai :
> De romanz fere m'entremis,
> Mult en escris è mult en fis. (v. 10448—54.)

J'ai déjà indiqué la règle principale qui caractérisa la romane rustique; et en l'appliquant à la langue des trouvères, je n'ai rien à changer de ce que j'avais dit, en parlant de la langue des troubadours, dans les *Élémens de la Grammaire romane avant l'an* 1000.

« La nouvelle langue créa une méthode aussi « simple qu'ingénieuse, qui produisit le même « effet que les déclinaisons latines.

« Au singulier, le s ajouté ou conservé à la « fin de la plupart des substantifs, surtout des « masculins, désigna le sujet; et l'absence « du s désigna le régime, soit direct, soit in- « direct.

« Au pluriel, l'absence du s indiqua le sujet, « et sa présence les régimes.

« D'où vint l'idée d'une telle méthode? de la « langue latine même. La seconde déclinaison en « US suggéra ce moyen.

« Le nominatif en US a le s au singulier, tandis « que les autres cas consacrés à marquer les ré- « gimes sont terminés ou par des voyelles ou par « d'autres consonnes; et le nominatif en I au « pluriel ne conserve pas le s, tandis que cette « consonne termine la plupart des autres cas « affectés aux régimes.

« Peut-on assez admirer cette industrie gram- « maticale, qui n'a existé dans aucune langue, « industrie qui ensuite permit et facilita aux « troubadours la grâce et la multitude des in-

« versions à la fois les plus hardies et les plus « claires? »[1]

On demandera peut-être comment la tradition de cette règle fondamentale se perdit, de manière qu'il n'en resta presque plus de trace dans les écrits du xve siècle.

En attendant que je donne des détails ultérieurs, un de nos habiles critiques, de nos savants philologues du xvie siècle, Pasquier, répondra pour moi :

« Encores que nos roys tinssent la supériorité « sur tous autres princes, si est-ce que nostre « royaume estoit eschantillonné en pièces, et y « avoit presque autant de cours que de provinces; « .... de là vint que ceux qui avoient quelque « asseurance de leurs esprits, escrivoient au vul- « gaire de la cour de leurs maistres, qui en Picard, « qui Champenois, qui Provençal, qui Tholozan, « tout ainsi que ceux qui estoient à la suite de « nos roys, escrivoient au langage de leur cour. « Aujourd'hui il nous en prend tout d'une autre « sorte; car tous ces grands duchez et comtez « estans unis à nostre couronne, nous n'escrivons « plus qu'en un langage qui est celui de la cour « du roy, que nous appellons langage françois.

---

[1] *Grammaire romane avant l'an* 1000, page 50. — *Choix des Poésies originales des Troubadours*, tome I, page 50.

« Et ce qui nous oste encore davantage la cognois-
« sance de ceste ancienneté, c'est que S'IL Y EUST
« UN BON LIVRE COMPOSÉ PAR NOS ANCESTRES,
« LORSQU'IL FUT QUESTION DE LE TRANSCRIRE, LES
« COPISTES LES COPIOIENT, NON SELON LA NAÏSVE
« LANGUE DE L'AUTHEUR, AINS SELON LA LEUR. Je
« le vous representeray, par exemple : entre les
« meilleurs livres de nos devanciers, je fais estat
« principalement du roman de la Roze ; prenez-en
« une douzaine escrits à la main, vous y trouve-
« rez autant de diversité de vieux mots, comme ils
« sont puisez de diverses fontaines. J'adjousteray
« que, comme nostre langue prenoit divers plis,
« aussi CHACUN COPIANT CHANGEOIT L'ANCIEN LAN-
« GAGE A CELUI DE SON TEMPS. Cela s'observe non
« seulement en ce vieux roman de la Roze, mais
« aussi en l'ordonnance de Saint-Louys, de l'an
« 1254, sur les baillifs, seneschaux, prévosts,
« viguiers et autres choses concernant la police
« générale de la France : ordonnance que je voy
« diversifiée en autant de langages comme il y a
« eu de diversité de temps. »[1]

---

[1] Pasquier, *Recherches de la France*, liv. VIII, chap. 3.

CHAPITRE IV.

OUBLI DE LA RÈGLE QUI, AUX XIIe, XIIIe ET XIVe SIÈCLES, DISTINGUAIT LES SUJETS ET LES RÉGIMES. — OPINION ADMISE AU XVe SIÈCLE, ET DEPUIS, QUE L'ANCIENNE LANGUE FRANÇAISE N'AVAIT PAS DES RÈGLES GRAMMATICALES.

Les règles grammaticales de la langue des trouvères n'étant indiquées que par la tradition magistrale, furent à la suite du temps altérées et même oubliées.

Si elles eussent été rédigées dogmaticalement dans quelque ouvrage destiné à l'enseignement, cet ouvrage, quoique manuscrit, se serait nécessairement répandu, et un seul exemplaire, retrouvé à l'époque de Villon et de Marot, aurait suffi pour réhabiliter la science grammaticale; mais peu à peu l'ignorance des règles était devenue telle, que quand Villon essaya le jeu d'esprit de composer une ballade en *vieil langage françois*, il ne sut se conformer qu'en partie aux règles grammaticales de l'idiome des trouvères, de sorte que, mêlant les formes du XVe siècle et celles du XIIe, il fit un ouvrage qui choqua également les règles des deux époques.

Cette ballade se trouve dans le grand testament ; c'est la troisième après celle qui est intitulée : *des Seigneurs du temps jadis ;* elle porte en titre : *autre Ballade à ce propos, en vieil langage françois*. Elle commence ainsi :

> Et fusse ly sainctz apostoles
> D'aulbes vestuz demi tressez.

Ces deux vers observent parfaitement la règle de la grammaire des trouvères qui exigeait le s final pour désigner le sujet au singulier.

Une note de Marot, reproduite dans l'édition de Villon de 1723, chez Coustelier, porte :

« *Ly sainctz apostoles* (le pape), et se trouve « toujours icy le pluriel pour le singulier à l'an- « tique. »

En général Villon, dans cette pièce, a soin de désigner par le s final le sujet au singulier, mais quand il s'agit d'un pluriel, il manque à la règle qui distinguait le sujet par l'absence même du s.

> Puys que Papes, Roys, filz de Roys
> Et conceuz en ventres de Roynes,
> Sont enseveliz mortz et froidz.

Il aurait fallu, conformément aux règles antiques, écrire : PAPE, ROY, CONCEU, ENSEVELI, MORT et FROID.

Il est remarquable que Villon n'est pas même fidèle à se conformer à la règle concernant le sujet masculin au singulier, car il dit bientôt :

Ce monde n'est perpetuel
Quoique pense riche pillart.

Au lieu de MONDES, PERPETUELS, RICHES, PILLARTS.

Si Villon, qui composait au milieu du xve siècle, n'avait qu'entrevu les anciennes règles de la langue des trouvères, on peut dire qu'un demi-siècle après, elles étaient entièrement oubliées ; aussi Marot, donnant l'édition des *Œuvres de Villon*, dit expressément :

« Et pour ce (comme j'ay dit), je n'ai touché « à son antique façon de parler, je vous ai exposé « sur la marge avecques les annotations, ce qui « m'a semblé le plus dur à entendre, laissant le « reste à vos promptes intelligences, comme *ly* « *Roys*, pour *le Roi* : *homs* pour *homme*, *com-* « *paing* pour *compagnon* ; aussi force pluriers « pour singuliers, et plusieurs autres incongruitez « dont estoit plain le langage mal lymé d'icelluy « temps. »

Pasquier écrivait à Cujas que Clément Marot avait « par une bigarrure de langage vieux et nou- « veau, habillé le *Roman de la Rose* à la moderne « françoise. »[1]

Si Marot eut l'intention d'être réservé en retouchant les OEuvres de Villon, il se donna de

---

[1] *Lettres d'Étienne Pasquier*, Liv. II, lettre 6.

grandes licences en corrigeant le *Roman de la Rose*.

Il refit et ajouta des vers; il changea des rimes, afin d'accommoder à la grammaire de son temps les vers de Guillaume de Loris et ceux de Jehan de Meung.

Au treizième vers des bons manuscrits, on lisait :

De croire que songes aviengne.

Marot, méconnaissant la règle d'après laquelle le sujet au singulier prenait l's final, retrancha cet s; mais alors il fut obligé d'ajouter un mot, attendu que l'E de SONG*e* s'élidait avec l'A d'*a*-VIENGNE, et il mit à la place de l'ancien vers :

De croire qu'aucun songe advienne. [1]

---

[1] Au troisième vers de l'ancien texte :

Mais l'en puet tiex songes songier
Qui ne sunt mie mensongier.

Marot ne trouvant pas à *mensongier* l's final que la grammaire de son temps exigeait au pluriel, mit le vers au singulier, et corrigea :

Mais on peult tel songe songer
Qui pourtant n'est pas mensonger.

Au septième vers, les rimes mêmes furent changées; l'ancienne version portait :

Un acteur qui ot non Macrobes,
Qui ne tint pas songes a lobes, etc.

L's de Macrobes, le mot LOBES, *illusion*, embarrassant l'édi-

Depuis assez long-temps, on changeait de la sorte le style des ouvrages anciens, et on ne se bornait pas aux seuls poètes.

A la fin du XIIIe siècle, Brunetto Latini avait écrit en prose romane un ouvrage intitulé :

Li Trésors qui parole de la Naissance de toutes Choses.

L'auteur dit lui-même que : « chis livre est « escris en romans, selon la raison de France. »

Comme l'ouvrage était répandu et recherché,

---

teur, il substitua, à ces vers de l'original, ceux-ci de sa composition :

> Macrobe, ung acteur treaffable,
> Qui ne tient pas songes à fable.

Je ferai encore une citation; au 23e vers, l'ancien texte portait :

> Couchiez estoie
> Une nuit, si cum je souloie,
> Et me dormoie forment,
> Si vi un songe en mon dormant
> Qui moult fut biax et moult me plot;
> M'es onques riens on songe n'ot, etc.

Ces vers furent métamorphosés de la sorte par Marot :

> Coucher m'alloye,
> Une nuyt, comme je souloye,
> Et de fait dormir me convint;
> En dormant ung songe m'advint
> Qui fort beau fut à adviser
> Comme vous orrez deviser, etc.

Le Rommant de la Rose, nouvellement reveu et corrigé oultre les précédentes impressions; édition de 1529.

et qu'on le croyait utile, on rajeunit, on changea son style, et on l'appropria à celui de l'époque.

M. Legrand d'Aussy, au tome v[e] *des Notices des Manuscrits de la Bibliothéque du Roi*, page 274, dit : « Au xve siècle, on remit en fran- « çais plus moderne l'ouvrage de Brunetto : il en « existe à la Bibliothéque nationale un exemplaire, « *vel. fol. max.*, n° 6851; mais outre qu'on a « réformé le langage, on y a fait des retranche- « mens considérables, etc. »

Les personnes qui avaient à s'occuper de la lecture des ouvrages des trouvères ou des autres écrivains de leur époque, se contentèrent d'une vague intelligence du texte, et se bornèrent à saisir à peu près le sens des manuscrits, sans chercher à se rendre un compte grammatical des formes et des règles qu'on ne supposait pas exister.

Aussi le docte et judicieux abbé de Fleury, dans le discours placé en tête du tome XVII de son *Histoire ecclésiastique*, §. 5, page IV, proclama-t-il ce préjugé, et ajouta-t-il son autorité à l'erreur de Marot.

Je crois d'autant plus convenable de rapporter ici l'opinion de l'auteur de l'*Histoire ecclésiastique*, que ce savant ne l'exprime qu'après avoir indiqué le *Roman de Rou* comme un des premiers monuments de notre antique littérature.

« La grammaire, selon l'idée des Grecs et des « Romains....., devoit être l'étude de notre lan« gue paternelle pour la parler et l'écrire correc« tement; mais ce n'est pas ainsi qu'on étudioit « la grammaire dans nos écoles. On ne l'appli« quoit point aux langues vulgaires; on les mé« prisoit encore comme indignes d'être écrites et « employées dans les discours sérieux.... On com« mença toutefois vers le milieu du XIIe siècle à « écrire en roman, c'est-à-dire en françois du « temps.... Le premier ouvrage sérieux que je « connoisse en cette langue, est l'*Histoire des* « *Ducs de Normandie*, écrite, en l'an 1160, par « un clerc de Caën, nommé *maître Wacce*.....

« Toutefois je ne vois point qu'on y ait ap« pliqué dans ces derniers temps l'étude de la « grammaire; il semble qu'on craignoit de la pro« faner..... Je n'y trouve point de distinction du « plurier et du singulier, ni de construction uni« forme, en un mot aucune régularité. »

Les divers savants qui se vouaient à l'étude des anciens manuscrits, avaient adopté ce même préjugé, bien que l'analyse, l'examen et la comparaison de ces prétendues irrégularités eussent suffi à le détruire.

On notait, comme des fautes d'orthographe, les formes dans lesquelles il fallait chercher des règles de grammaire.

Les doctes auteurs de la collection des *Historiens de France*, au tome V, page 219, ayant à juger les manuscrits des chroniques de Saint-Denis, s'expriment en ces termes :

« L'orthographe du manuscrit du Roi et celui « de Sainte-Geneviève est particulière; les sub« stantifs, les adjectifs, les participes passifs ont « au singulier un s ou un z à la fin, et ils n'en « ont pas au pluriel.

« Par exemple, LI PRINCES EST VENUS, ET A « ESTÉ SACREZ ROIS, pour *le prince est venu, et* « *a été sacré roi*. LI EVESQUE ET LI PLUS NOBLE « BARON SE SONT ASSEMBLÉ, pour *les évêques et* « *les plus nobles barons se sont assemblés*. Ce« pendant lorsque l'on emploie les articles LE, « LES, DES, AUX, on suit notre orthographe d'à « présent.

« Le manuscrit de Saint-Germain-des-Prés et « le premier de M. l'abbé de Rothelin, qui sont « plus récens que les deux dont je viens de parler, « ne sont pas uniformes pour l'orthographe; on « y emploie tantôt l'ancienne, tantôt la nouvelle. « Le second manuscrit de M. l'abbé de Rothelin « est encore plus récent; on y suit notre ortho« graphe d'aujourd'hui; on n'y aperçoit plus l'ar« ticle LI : j'ai même remarqué que le copiste, « en suivant l'exemplaire qu'il avoit sous les yeux, « avoit écrit LI PRINCE, mais qu'il avoit tiré une

« ligne sur ces deux mots, pour mettre tout de « suite *les princes.* »

On voit combien nos érudits étaient embarrassés, parce qu'ils ignoraient la règle grammaticale qui, par la présence ou l'absence de l's final, indique quand les substantifs, ou les mots employés substantivement, sont sujets ou régimes, soit au singulier, soit au pluriel.

Ils avaient dit précédemment, au tome III, page 151 :

« Nous suivons l'orthographe du manuscrit du « Roi.

« Le substantif et l'adjectif pluriels sont sou- « vent mis pour le singulier : LI SAINS HOMS, pour « *le saint homme;* SES PÈRES ESTOIT VENUS, pour « *son père étoit venu....*

« On trouve écrit indifféremment TELE, TELLE, « TEL *manière.* »

M. Lévêque de la Ravallière, dans son *Glossaire sur les Poésies du Roi de Navarre,* crut devoir faire remarquer que ce poète mettait souvent les pronoms *mon, ton, son,* au pluriel, quand, ajoute-t-il, le singulier aurait suffi. Cette observation prouve que cet éditeur des *Poésies du Roi de Navarre,* cet académicien, qui avait publié une dissertation intitulée *Révolutions de la Langue française, depuis Charlemagne jusqu'à Saint-Louis*, n'avait pas, plus que les autres, reconnu l'existence des règles grammaticales dans les ouvrages dont il était l'éditeur et le commentateur.

Ces règles exigeaient que le pronom ou adjectif possessif, quand il était sujet au singulier, fût désigné par MES, TES, SES, tandis que MON, TON, SON, étaient réservés pour le régime au singulier.

Je dois dire en passant que le roi de Navarre, dans ses chansons, respecte les règles de la langue, qui, à l'époque où il écrivait, étaient généralement observées, surtout par les poètes.

Aussi ce n'est que comme régimes au singulier que MON, TON, SON, se trouvent dans les chansons de ce prince.

Sujet.

En dormant et en vellant
Est ME*s* CUER*s* tojors a li. (chanson 13.)
Diex! fut ains ME*s* CUER*s* si bien ENCANTÉ*s*. (ch. 8.)
Me*s* CUER*s* pleure, et je chant. (ch. 13.)

Régime.

Quant por vos pert et MON CUER et ma joie. [1] (ch. 56.)

M. de Sainte-Palaye, dont les savants travaux rendirent à notre ancienne littérature les services les plus éminents, n'entreprit point la recherche des règles grammaticales. La profonde

---

[1] On me pardonnera sans doute de citer encore quelques

intelligence des textes qu'il avait acquise par une étude journalière, lui permit sans doute de croire que des lecteurs, moins instruits et moins exercés, acquerraient, comme lui, par le simple usage, l'intelligence de la langue des trouvères.

En travaillant à son immense glossaire, il n'eut donc pour but que de familiariser les lecteurs français avec les mots de la langue ancienne.

Dans le plan de M. de Sainte-Palaye, et dans la longue exécution qu'il a eue, il est toutefois remarquable que ni lui, ni ses coopérateurs, n'aient reconnu ni même présumé qu'il existait, dans l'ancienne langue française, un système grammatical très régulier, système si simple et si évident qu'on peut s'étonner qu'on m'ait laissé le soin et l'avantage d'en parler le premier.

Ainsi M. de Sainte-Palaye et les personnes qui,

---

vers du roi de Navarre, où les règles de l'époque sont scrupuleusement observées.

Sujet.

Ensi MES CUERS folement va,
Tant parest GRANS MES DESIRIERS. (chanson 66.)
Bien doit MES CUERS estre LIÉS et DOLANZ. (ch. 56.)
Moult est SES NONS e SES pris ABAISIEZ. (ch. 52.)
Pour ce n'est pas SES NONS DESHONOUREZ. (ch. 52.)

Régime.

Li douz pensers e li douz sovenirs
Mi fait MON CUER esprendre de chanter. (ch. 57.)
Mais fins amis ne puet SON MAL covrir. (ch. 53.)

après lui, travaillèrent sur cette langue, cédèrent au préjugé qui supposait qu'elle n'avait aucune règle, aucune syntaxe; et alors on ne s'occupa que des mots.

M. Legrand d'Aussy, qui a traduit les anciens fabliaux, et qui a donné l'analyse de plusieurs ouvrages des trouvères dans les Notices des manuscrits de la Bibliothéque du Roi, n'avait pas cherché à connaître rigoureusement les règles grammaticales de l'époque; on en jugera par la manière dont il s'exprime au sujet d'un manuscrit.[1]

« Aussi, quand l'ouvrage me tomba sous la « main pour la première fois, restai-je interdit, « comme on l'est devant un étranger que l'on « comptoit entendre et que l'on n'entend pas; « mais heureusement, accoutumé par la défectuo- « sité continuelle de la plupart des manuscrits, à « deviner le sens et à suppléer aux erreurs, je « me fis une méthode pour étudier celui-ci, et « bientôt en effet je parvins à le comprendre. »

Tels étaient les préjugés des littérateurs français contre l'existence des règles grammaticales dans la langue des trouvères, lorsque je publiai, au commencement de 1816, *les Éléments de la*

---

[1] *Notices des Manuscrits de la Bibliothéque du Roi*, tome V, page 122.

Grammaire romane avant l'an 1000, et ensuite *la Grammaire de la Langue des Troubadours*, où j'indiquai les formes spéciales de cette langue; j'avais reconnu que la plupart de ces formes avaient été pareillement adoptées par la langue des trouvères; et, dans le *Journal des Savants* d'octobre 1816, ayant à rendre compte de la nouvelle édition du *Roman de la Rose*, publiée par M. Méon, je n'hésitai pas à combattre le préjugé littéraire qui supposait la langue des trouvères sans principes, sans règles, sans méthode, et je donnai dès-lors, par des exemples tirés du *Roman de la Rose*, un aperçu de quelques règles grammaticales de l'époque de ce roman.

Depuis j'ai pris le soin de consigner, dans le même journal, les preuves de leur antique existence, quand j'ai eu à parler d'ouvrages qui m'en fournissaient l'occasion.

Mais c'est surtout dans ma *Grammaire comparée des Langues de l'Europe latine avec celle des Troubadours*, que j'ai présenté de nombreuses preuves des règles grammaticales de la langue des trouvères, et de ses rapports intimes et identiques avec celle des troubadours.

CHAPITRE V.

DES ARTICLES.

Dans les éléments de la grammaire romane avant l'an 1000, j'ai expliqué un phénomène grammatical que produisirent la corruption et la dégénération de la langue latine.

A mesure que le retranchement de la désinence des cas des substantifs ne permit plus de distinguer les sujets et les régimes, soit au singulier, soit au pluriel, le besoin de se faire entendre suggéra la ressource industrieuse de placer le relatif ILLE devant les substantifs pour les faire reconnaître, en y ajoutant la préposition AD ou DE pour désigner les régimes indirects.

Les langues de l'Europe latine contractèrent diversement ce pronom ILLE et ses différents cas du singulier et du pluriel, au masculin ou au féminin, et la langue des trouvères forma ainsi ses différents articles.

Les articles employés dans le texte imprimé [1] du *Roman de Rou* sont ceux-ci :

---

[1] Je dis le texte imprimé, car dans les divers manuscrits, on trouveroit peut-être d'autres articles.

Parmi les articles primitifs de la langue générale, sont EL, LO, etc.

Articles masculins.

	Singulier.		Pluriel.
Sujet.	Li, le.	*Sujet.*	Li, les.
Régime direct.	Li, le.	*Régime direct.*	Li, les.
Régime indirect.	Del,	*Régime indirect.*	Des,
	Al, el.		As, ÉS.

Articles féminins.

	Singulier.		Pluriel.
Sujet.	La.	*Sujet.*	Li, les.
Régime direct.	La.	*Régime direct.*	Li, les.
Régime indirect.	De la,	*Régime indirect.*	Des,
	A la.		As, ÉS.

§. Ier.

Exemples d'Articles masculins.

Singulier.

Sujet.	E LI quens tut testimunia.	(v. 5661.)
	Quant LE filz Osber vint avant.	(v. 11206.)
Régime direct.	LI mont Saint Michiel li mostra.	(v. 14624.)
	Se il a véu LE bastart.	(v. 8882.
Régime indirect.	Devant la porte DEL chastel.	(v. 6683.)
	Ke la terre DEL duc teindreit.	(v. 11686.)
	Cil DEL boscage è cil DEL plain.	(v. 5980.)
	AL rei cunterent li noveles.	(v. 6324.)
	E li dus le livra AL rei.	(v. 8495.)
	Sun comant, ço dient, ferunt	
	AL miex ke fere le porrunt.	(v. 6235.)
	Dunée fu EL conte Odun.	(v. 5427.)
	Lez li cunte s'est EL liet mise.	(v. 5781.)
	EL nun de Saincte Trinité.	(v. 5868.)

Pluriel.

Sujet. Armé furent tuit LI baron
E LI chevalier è LI gueldon. (v. 12803—4.)
Ço meismes LES Engleiz cremeient. (v. 12116.)

Régime direct. Ne sai nomer toz LI barons,
Ne de toz dire LI sornons. (v. 13789—90.)
Traire LES oils, LI puings colper. (v. 6098.)
LES Engleis vunt mult manaçant. (v. 6260.)

Régime indirect. DES Engleiz fait damage grant. (v. 13826.)
Aedward sis niés rei DES Engleis, (v. 6550.)
E Hardekenut DES Daneiz. (v. 6551.)
Et altres chevaliers plusurs,
DES plus nobles è DES meillurs. (v. 6637.)

E ses dreitures li toldreint
A li et AS altres seignurs. (v. 6073.)
Quant AS archiers furent josté
Et AS chevaliers asemblé. (v. 11654—5.)
As barunz a mult anoié. (v. 11578.)
És vivers prendre li peissuns. (v. 6051.)

§. II.

Exemples d'Articles féminins.

Singulier.

Sujet. Fu LA feste Saint Bricéun. (v. 6373.)
Si fu LA parole menée, (v. 6374.)
E LA traïsun fu si celée. (v. 6375.)

Régime direct. Vis LA forest è vis LA terre. (v. 11535.)
E ke LA terre aveir voleient. (v. 11760.)

Régime indirect. DE LA flote ki fu si grant
E DE LA gent dont i out tant,
N'i out ke dui nés perillies. (v. 11602—3—4.)

Quant A LA planche passereiz. (v. 5651.)
Jus A LA terre maint en mistrent. (v. 6722.)

Pluriel.

Sujet.	Neis LI vieilles i sont corues.	(v. 6256.)
	La s'asemblerent LI cumunes.	(v. 8997.)
Régime direct.	Ki ore ireit quérant LI places,	
	A paine trovereit LI traces.	(v. 27—8.)
	LI soes leis lor tienge è gart.	(v. 14130.)
	LI bertesches en fist porter.	(v. 9629.)
	A plusurs fist traire LES denz.	(v. 6096.)
	Saillent as nés, LES ancres traient.	(v. 6317.)
Régime indirect.	És fers DES lances les recheurent.	(v. 6710.)
	As iglises fist cumander.	(v. 5490.)
	Miex se vult metre de sun gré	
	És mains Richart sun avoé.	(v. 6173.)
	Es isles vint de Costentin.	(v. 9703.)

CHAPITRE VI.

DES SUBSTANTIFS.

Un choix d'exemples dans les différents genres, tirés du *Roman de Rou*, démontrera que Robert Wace a connu parfaitement la règle fondamentale de la grammaire de l'époque, et a judicieusement marqué, par les signes spéciaux, les sujets et les régimes, soit au singulier, soit au pluriel.

Comme il s'agit d'un fait important et décisif, on verra peut-être avec quelque intérêt, on pardonnera, du moins, les citations nombreuses, mais indispensables, que je ne tirerai que du texte imprimé du *Roman de Rou*.

J'aurai ensuite occasion d'indiquer d'autres exemples que fournissent les variantes de divers manuscrits.

Je classe, par assonnances de mots, ces diverses citations, qui établiront à la fois qu'au XIIe siècle la langue française était soumise à des formes caractéristiques, à des règles essentielles, et que l'auteur du *Roman de Rou* les a observées.

§. Ier.

Assonnances en A.

ABLE.	*Singulier.*	
Sujet.	E li DEABLE*s* sei drescha.	(v. 5475.)
	Li DEABLE*s* dist : Jo l'otrei.	(v. 5592.)
Régime.	Plusors distrent por vérité	
	Ke un DEABLE aveit privé.	(v. 9714.)
	Pluriel.	
Sujet.	Gentil furent li CUNESTABLE.	(v. 5961.)
Régime.	Ke as DÉABLE*s* trestut vis,	
	Me faiz porter en paradis.	(v. 8303—4.)
AGE.	*Singulier.*	
Sujet.	Se ses BARNAGE*s* li loast.	(v. 10421.)
Régime.	Hue oï li MESSAIGE, mult s'en espoanta.	(v. 3458.)
	As chastels se fioient et en lor grant LIGNAGE.	(v. 839.)
	Pluriel.	
Sujet.	Sire, font li MESSAIGE, un petit nos oez.	(v. 2981.)
Régime.	Si ara d'els sis pertes è sis DAMAGE*s* traiz.	(v. 852.)
AL.	*Singulier.*	
Sujet.	En fieu esteit son SENESCHAL*s*,	(v. 13683.)
	E mult esteit noble VASSAL*s*.	(v. 13684.)
Régime.	Bien péussiez véoir VASSAL	
	De lances è d'espées férir.	(v. 9171.)
	Pluriel.	
Sujet.	Normanz se desfendirent come VASSAL prové.	(v. 4062.)
	Cil dui VASSAL ki tant cunquistrent,	
	Tant orent terres.	(v. 5284.)
Régime.	CHEVAL*s* et armes li duna.	(v. 10812.)

ANT. *Singulier.*

Sujet. Fors fu come JAHANZ è hardiz sainz mesure. (v. 2070.)
Régime. Por l'amistié du pere deibt l'en amer l'ENFANT. (v. 3614.)

Pluriel.

Sujet. Et mi ENFANT aront ma terre. (v. 11384.)
Et ke deviendront li ENFANT? (v. 12431.)
Régime. Li PAÏSANZ a tuz grevez. (v. 8514.)

§. II.

Assonnances en E.

IER. *Singulier.*

Sujet. Dunc respondi li MESSAGIERS. (v. 11999.)
Régime. Ne meinent od els CHEVALIER,
Vaslet à pié ne ESKUIER. (v. 12126—7.)

Pluriel.

Sujet. E d'une part è d'altre sunt vaillant CHEVALIER. (v. 4636.)
Quant iessu furent li ARCHIER,
Dunc issirent li CHEVALIER. (v. 11638—9.)
Régime. E de boens CHEVALIERS dont il i a assez. (v. 4162.)

ERE. *Singulier.*

Sujet. Sis PERES s'en ala, ki remaindre n'i pout. (v. 2526.)
Se li PERES l'out chier, li filz l'a plus chiérie. (v. 2789.)
Régime. L'eveske Odun manda son FRERE. (v. 11130.)

Pluriel.

Sujet. Amdui cil esteient si FRERE. (v. 11134.)
Li FRERE donc se despartirent. (v. 14808.)
Régime. K'il fist sis FRERES acorder. (v. 14739.)

ESKE. *Singulier.*

Sujet. Isembart, li EVESKES.....
S'en est fui en France. (v. 1354—5.)
Sis homes asemla li quens
E li EVESKES toz li suens. (v. 531.)

Régime. Ke li reis a l'EVESKE de Chartres apelé. (v. 5008.)

Pluriel.

Sujet. Et EVESKE è baron..... jurerent. (v. 2892.)
Maiz li baron ki mult l'amerent,
E li EVESKE li loerent
Ke paiz quérist è porcachast. (v. 14561.)

Régime. Mandé fu as EVESKES, mandé fu as barons. (v. 3087.)

ET. *Singulier.*

Sujet. Dez ke il fu VARDLEZ petis. (v. 8759.)

Régime. Un CHASTELET troverent fermé en un pendant. (v. 1216.)

Pluriel.

Sujet. Ke li OISELET chantent è la rose est florie. (v. 3924.)

Régime. VASLETZ aveit od li asez. (v. 15220.)

§. III.

Assonnances en I.

I. *Singulier.*

Sujet. E Boton un baron ki esteit sis AMIS. (v. 2254.)
AMIZ, dist-il, Boton, è tu AMIZ Bernart. (v. 2213.)
Ernouf ert sis AMIZ. (v. 2551.)

Régime. Quer li un teneit l'altre por mortal ANEMI. (v. 1114.)

Pluriel.

Sujet. Poiz furent bon AMI è l'un l'altre ama. (v. 2093.)
Ne s'i volent mesler, quer il sont si AMI. (v. 2579.)
Par vos l'oussent ociz si mortal ANEMI. (v. 4389.)
Ke li roiz è Richart debveient estre AMI. (v. 5091.)

Régime. Mult i ai jà perdu de mi AMIZ privez. (v. 4163.)

EIR. *Singulier.*

Sujet. E li reiz è sis EIR*s* tot covenant tendra. (v. 3798.)

Régime. Mais jeo n'ai ne enfant ne EIR. (v. 8102.)

Pluriel.

Sujet. Quitement en deivent aveir
Lor éritages tuit ses EIR. (v. 12782.)
E par tei è par tun lignage
Arunt mi EIR mult grant damage. (v. 8062.)

Régime. Grant reprovier iert à vos EIR*s*. (v. 7820.)
Les EIR*s* en ai à tort ocis. (v. 14269.)

§. IV.

Assonnances en O.

OINGNE. *Singulier.*

Sujet. MOINGNE*s* fust à Jumèges, remainz en l'abéie. (v. 2636.)

Régime. E tot l'habit d'un MOIGNE. (v. 2757.)

Pluriel.

Sujet. Seaumes è letanies, cantent cler è CHANOIGNE. (v. 1583.)
Junes font, messes dient li provoire è li MOIGNE. (v. 1586.)

Régime. La préiere des MOIGNE*s*. (v. 2500.)

OM. *Singulier.*

Sujet. Nus HOMS ne se teneit à une fame espose. (v. 770.)
Ki ert li riches HONS à ki il out parlé. (v. 3680.)
Grant paiz out par la terre, nus HOMS n'i guerréia. (v. 2095.)
Tu es siz liges HOMS. (v. 4472.)

Régime. Unkes ne véistes HOM ki graignor colp férist. (v. 2223.)
Bien sout tenir un plaid et un HOM acuser. (v. 3839.)

Pluriel.

Sujet. Cumpaingnon, gentil HOM, or mengiez liement. (v. 4531.)

Régime. Riouf vit de sis HOMS maint gésir sor li pré,
Vit li HOMES Willame ki mainent grant fierté. (v. 2230—1.)

ON. *Singulier.*

Sujet. Fu grant parole è grant RENUNS. (v. 7498.)

Régime. Un suen BARON preisié fist sor els chevetaingne. (v. 3946.)

Pluriel.

Sujet. Tuit li BARON s'entr'asemlerent. (v. 12523.)
Li BARON l'unt avironé. (v. 12529.)
Andui furent riche BARUN. (v. 5425.)
Et li BARON à mal lor tindrent. (v. 12213.)

Régime. Mult i out pris BARONZ è vavasors asez. (v. 973.)
Thiebauld fu nez de France, un des plus haus BARONZ. (v. 1278.)

OR. *Singulier.*

Sujet. Li gaaing k'il ont fet valu miex ke li ORS. (v. 4038.)

Régime. Al rei de France, son SEIGNOR. (v. 11322.)

Pluriel.

Sujet. Soventre li corurent baron è VAVASSOR. (v. 4623.)
E tel come lor ANCESSOR
Soleient fere à lor seignor. (v. 11294.)

Régime. Rentes pramist as VAVASSORS. (v. 11490.)

Substantifs féminins.

Les substantifs féminins terminés en A dans la langue latine et dans celle des troubadours, Ros*a*, et dans la langue des trouvères en E muet, Ros*e*, furent exempts de la règle générale, à laquelle on soumit cependant la plupart des autres substantifs féminins dont la désinence n'était pas en E muet, du moins quand ils furent employés comme sujets au singulier.

Le texte imprimé du *Roman de Rou* ne fournit pas de nombreux exemples de l'apposition de l's aux noms féminins sujets; cependant on en trouve un nombre assez considérable dans les manuscrits. [1]

---

[1] Exemples de substantifs féminins fournis par les variantes du manuscrit 6987.

Assonnances en A.

Li MAIN*s* trenla, li CAR*s* fremi. (v. 10839.)

Assonnances en E.

Et tote RIEN*s* torne en declin. (v. 5296.)

Laide est la MER*s*. (v. 14966.)

HONTE*s* seroit et couardise. (v. 6656.)

Vilonie et HONTE*s* seroit. (v. 15702.)

La DIGNITÉ*s* de la corone. (v. 15802.)

Une ENFREMETÉ*s* li avint. (v. 14183.)

Assonnances en I.

Ke la NUI*s* si tost ne venist. (v. 8544.)

Le texte imprimé a fourni les exemples suivants :

Sujets au singulier.

Assonnances en E.

Ne te péust fors Dieu nule RIENZ garantir. (v. 4464.)
K'alcune RIENZ ne lui néust. (v. 7564.)
Se li GENZ de la terre de lor gré nel ofrist. (v. 964.)
AMISTIEZ sainz feintise ki jamez n'ait servance,
Si seit asséurée entr'els par covenance. (v. 2350.)
VÉRITEZ est k'à l'ariver. (v. 11741.)
Oez cum fete CRUALTEZ ! (v. 9842.)

Assonnances en O.

Dunc crust li dols, dunc crust li PLOR*s*,
E crust la noise è li DOLOR*s*. (v. 15229—30.)
Quant de mei MOR*s* aviengne. (v. 2506.)

§. V.

Désinences caractérisant quelques Substantifs comme Sujets ou comme Régimes.

Outre cette règle qui fesait distinguer les sujets

Assonnances en O.

Et li TRAISON*s* si celée (v. 6375.)
Et se li JOR*s* ne lor fausist. (v. 8543.)
TOR*s* font, murs kiet..... (v. 5298.)
Tant que la MOR*s* les departi. (v. 7263.)
La fu li FLEUR*s* de Normendie. (v. 13071.)

Assonnances en U.

Mais multitude petit vaut,
Se la VERTU*s* del ciel li faut. (v. 12916.)

des régimes, au singulier et au pluriel, par la présence ou l'absence de l's final, la langue des trouvères eut, comme celle des troubadours, des désinences affectées à quelques substantifs masculins qui étaient terminés en ERE comme sujets, et OR comme régimes au singulier, et sujets au pluriel qui prit ORS pour les régimes.

Singulier.

Sujet.	E l'EMPER*ere* ad cumandé.	(v. 8246.)
	E l'EMPER*ere* fist crier.	(v. 8257.)
Régime.	Pur la hautesce è pur l'honor,	
	De Costentin l'EMPERÉOR.	(v. 8200.)
	Et à l'EMPERÉOR turna.	(v. 8226.)

Sujet. SIRE. *Régime.* SEIGNOR.

Singulier.

Sujet.	Se sis SIRE*s* l'esperonast.	(v. 12678.)
	Li a dit : SIRE*s*, levez sus.	(v. 15353.)
Régime.	De tut vos féissent SEIGNOR.	(v. 11428.)

Pluriel.

Sujet.	S'il Engleterre aveir péussent	
	Jà plus de vos SEIGNOR n'en fussent.	(v. 11426—7.)
Régime.	Ki conveitent novels SEIGNOR*s*.	(v. 14893.)

Sujet. TRAISTRES. *Régime.* TRAITOR.

Sujet.	Ke li TRAISTRE*s* respassast.	(v. 593.)
	Il est provez TRAÏSTRE*s*, mez jà nel traïron.	(v. 4188.)
Régime.	Pernez li TRAÏTOR, à Richart le livrez.	(v. 4178.)
	La hart, la hart al TRAÏTOR.	(v. 16208.)

Sujet. QUENS. *Régime.* CONTE.

Singulier.

Sujet.	Dunc li QUENS le soleit gaber.	(v. 15662.)
	El conte dit : Dans QUENS, muntez.	(v. 15138.)
Régime.	L'eveske ocistrent è li CONTE.	(v. 713.)

Pluriel.

Sujet.	Maiz se li CONTE, CONTE fussent,	
	E li baron lor dreit éussent.	(v. 12417.)
Régime.	Ne à roiz ne à CONTES ne daingnerent obéir.	(v. 828.)
	Asquanz fist CUNTES è baruns.	(v. 6121.)

Noms propres.

Les noms propres furent généralement soumis à la même règle que les autres substantifs.

Mais plusieurs eurent, comme sujets, une terminaison en ES qu'ils changèrent en ON, quand ils furent régimes.

Ainsi on dit :

Sujet.	CHARLES.	*Régime.*	CHALLON.
	ODES.		ODON.
	OTES.		OTON.
	HUES.		HUON, etc., etc.

Sujet.	Li reis méisme CARLES s'en vout mesler.	(v. 1967.)
Régime.	El rei CHALLON li simple en ont merchi crié.	(v. 1818.)

Sujet.	Quant ODES li boen corunez....	
	Poinst, si lor dit : Estez, estez.	(v. 13243—5.)
Régime.	E son frere l'eveske ODON,	
	Fist delivrer de la prison.	(v. 14298—9.)

Sujet. Or verrai, dist li reis OTES, ki m'ara en chierté. (v. 4051.)
Régime. Un nés el rei OTON. (v. 3928.)

Sujet. Li quens HUE le herberga. (v. 14608.)
Régime. Al duc HUON li Maigne face concordement. (v. 3214.)

Les autres noms propres furent soumis à la seule règle qui distinguait au singulier le sujet et le régime.

Les exemples suivants suffiront :

Sujet. Murut ALAINS en Normendie. (v. 8139.)
Régime. A ALAIN ki esteit sis huem. (v. 8131.)

Sujet. D'Avrencin i fu RICHARZ. (v. 13600.)
Régime. Vint à RICHART en Normendie. (v. 6560.)

Sujet. Ne sai se HELIES mot suna. (v. 15148.)
Régime. Unt retenu li conte HELIE. (v. 15101.)

Sujet. VALEDUNES est en Oismeiz. (v. 8978.)
Régime. A VALESDUNE s'asemblerent. (v. 8977.)

Sujet. El terme ke HENRIS fu reis. (v. 15660.)
Régime. Al duc se plainst del rei HENRI. (v. 15676.)

§. VI.

Présent de l'Infinitif actif de Verbes employés substantivement.

La langue des trouvères, ainsi que celle des troubadours, employa souvent la forme grammaticale latine [1] qui appelait le présent de l'infinitif à figurer comme sujet ou comme régime.

Cet accident grammatical ne doit pas surprendre; en effet le présent de l'infinitif des verbes n'est lui-même qu'une sorte de substantif qui, n'étant employé dans le langage ordinaire que comme régime direct d'un verbe précédent [2] ou comme régime indirect marqué par une préposition, pouvait conséquemment être admis à figurer utilement comme substantif sujet, sans blesser les règles fondamentales de la science grammaticale.

Exemples du Présent de l'Infinitif de Verbes employés substantivement.

Sujet.

LI DEMOURERS nos puet grever. (v. 12300.) (6987.)

Régime.

Mult oïssiez AL ENTERRER,
Hons è fames se dementer. (v. 5921.)
Véritez est k'A L'ARIVER,
Fist li dus sa gent tute armer. (v. 11741.)

---

[1] Cette forme existait dans le grec, et on la retrouve dans d'autres langues.

[2] Quand on dit : J'espère vous *voir*, j'aspire à vous *plaire*, je le prie de *venir*, il est évident que les infinitifs *voir*, *plaire*, *venir*, sont des régimes, et qu'ils font fonction de substantifs.

Aussi, la langue latine avait-elle accordé aux verbes les désinences mêmes des substantifs, pour caractériser les régimes, AMAND*i*, AMAND*o*, AD AMAND*um*, etc., etc.

Sire muine, suef alez,
AL PASSER planche vus gardez. (v. 5667.)

§. VII.

Suppression de la Préposition devant les Noms propres régimes indirects.

Souvent devant un nom propre ou spécial qui était employé comme régime indirect, on supprimait la préposition DE ou A.

Exemples de la suppression de la préposition DE.

Poiz la naissance | Jhesu Crist. (v. 14113.)
Aveit un des cheveuls | saint Pierre. (v. 11455.)
Poiz vindrent dui, poiz vindrent trei,
Poiz noef, poiz dis à grant desrei,
Ki li distrent la mort | li rei. [1] (v. 15226.)
Partie out del tresor | son pere. (v. 14486.)
E sovent par noblesce jure li bras | sa mie. (v. 1675.)

Exemples de la suppression de la préposition A.

Vos, se | Dex plaist, ki serez vis. (v. 12058.)
Se | Dex plaist, nos les vengeron. (v. 12579.)
Par la fé ke jo dei | monseingnor saint Martin. (v. 3437.)

---

[1] On s'apercevra aisément que c'est cette forme grammaticale qui a introduit et perpétué, dans notre langue actuelle, les locutions FÊTE-DIEU, HÔTEL-DIEU, VILLENEUVE-LE-ROI, etc., etc.

CHAPITRE VII.

DES ADJECTIFS.

Les adjectifs furent soumis à la même règle que les substantifs auxquels ils se rapportaient, et la présence ou l'absence de l's final distingua de même les sujets et les régimes au singulier et au pluriel.

En présentant divers exemples tirés de l'imprimé du *Roman de Rou*, je les distribuerai encore en assonnances.

§. Ier.

Assonnances en A.

AIN.

Singulier.

Sujet.	De malice fu chescun PLAINZ.	(v. 459.)
	Se SAINZ iert et il out vent.	(v. 550.)
Régime.	Al PREMERAIN colp k'il dona.	(v. 697.)

Pluriel.

Sujet.	A lor herberges revertirent,	
	Tuit asséur è tuit CERTAIN.	(v. 12457.)
	Tuit en poez estre CERTAIN.	(v. 12624.)
Régime.	Ont perdu lor PRIMERAINS NONS.	(v. 79.)

ANT. *Singulier.*

Sujet. Quens ert de Evreus, mult VAILLANZ. (v. 6077.)
Li gonfanon fu mult VAILLANZ,
D'or è de pierres RELUISANZ. (v. 12975—6.)
MANANZ esteit è riche è bien enloçonez. (v. 3576.)

Régime. Sor un cheval sist mult VAILLANT. (v. 13515.)

Pluriel.

Sujet. Tant dunc li muigne MANANT sunt. (v. 10686.)
Tuit le sevent petit è GRANT. (v. 11038.)

Régime. Kant hom aveit plusors enfanz,
Et il les aveit norriz GRANZ. (v. 211.)
Li plus forz véissiez è li miex CUMBATANZ. (v. 4106.)

§. II.

Assonnances en E.

EL. *Singulier.*

Sujet. Pose out esté sis seneschals,
A totes genz CRUEL*s* è mals. (v. 14307.)
BEL*s* fu è genz è bien pleniers. (v. 15111.)

Régime. De BEL bois, de bele riviere. (v. 405.)

Pluriel.

Sujet. BEL filz, dist-il, muntez, muntez. (v. 8861.)
Cil d'Alemaine furent mult orguillos è fier,
De manacier ISNEL è de vanter légier. (v. 3956.)

Régime. Et il les out fet buns è BEL*s*. (v. 8769.)

ENT. *Singulier.*

Sujet. Mult fu DOLEN*s* li reis de France. (v. 8656.)
Bels fu è GENZ è bien pleniers. (v. 15111.)

Régime. Ki fist maint povre et maint DOLENT. (v. 146.)
maint home fist DOLENT. (v. 3589.)

Pluriel.

Sujet. Mult en sont tuit DOLENT è Bréton è Normant. (v. 2825.)
Régime. Tei è Thiebaut è nos sevent fere DOLENS. (v. 4978.)

IER. *Singulier.*

Sujet. Bels fu è genz è bien PLENIERS. (v. 15111.)
Régime. Li païz vit PLANIER è la cuntrée bele. (v. 1211.)

Pluriel.

Sujet. Ne seronz mie poiz à destruire LEGIER. (v. 858.)
Orguillos sunt Normant è FIER. (v. 14253.)
A cheval sunt boen chevalier
E de cumbatre COSTUMIER. (v. 12902.)
Régime. Cels ke sis peres teneit CHIERS,
Truva mult orguillus è FIERS. (v. 8405—6.)

§. III.

Assonnances en I.

I. *Singulier.*

Sujet. Arestut sei tut ESBAHIZ,
Come ki n'est gaires HARDIZ. (v. 9238—9.)
Rou fu forz è HARDIZ. (v. 1360.)
Alain fu mult HARDIZ è pruz. (v. 7799.)
Maiz mult esteit proz è HARDIZ. (v. 13686.)
Régime. A la porte apela, se tint por fol HARDI. (v. 5103.)

Pluriel.

Sujet. Tant sunt HARDI ne s'entredotent. (v. 13182.)
Se cuntindrent come HARDI. (v. 13831.)
Régime. De forz è de HARDIZ Danemarche vuiderent. (v. 4911.)

IF. *Singulier.*

Sujet.	Fu è PENSIZ è curios coment	
	Il se porreit vengier.	(v. 942.)
	Se jo en puiz escaper VI*s*.	(v. 12769.)
	Li dus Robert fu mult PENSI*s*.	(v. 14787.)
Régime.	De franc ne de CHAITIF n'out merchi ne pistié.	(v. 4440.)
	Li dus com il le sout VIF.	(v. 16517.)
	Guion li cunte de Pontif,	
	Ont Normanz pris armé tut VIF.	(v. 10048.)

Pluriel.

Sujet.	E cil ki erent remez VIF,	
	En Normendie erent CHÉTIF.	(v. 10095—6.)
Régime.	Ke il n'aveit merchi de CHAITIZ ne d'ancele.	(v. 1213.)
	E homs VI*s* li sacrefioient.	(v. 195.)

IL. *Singulier.*

Sujet.	Mult fu GENTILZ è mult corteiz.	(v. 10541.)
	GENTILZ hoem sui, bien me gardez.	(v. 15117.)
	Ki de France fu quens GENTILZ.	(v. 15425.)
Régime.	Por GENTIL è por pros le teneit.	(v. 1134.)

Pluriel.

Sujet.	GENTIL furent li capelain,	(v. 5959.)
	GENTIL furent li escrivain,	(v. 5960.)
	GENTIL furent li cunestable....	(v. 5961.)
	GENTIL furent li senescal.	(v. 5963.)
	Là furent li GENTIL baron.	(v. 13073.)
Régime.	Des plus nobles è des GENTILZ.	(v. 14600.)

IT. *Singulier.*

Sujet.	Grand duil out Willame sis filz,	
	Ki uncore ert asez PETIZ.	(v. 8402.)
	Cil de corsage esteit PETIZ.	(v. 13685.)
Régime.	Feites dreite justice de grant è de PETIT.	(v. 2461.)
	Porkei tollez la terre à un PETIT enfant.	(v. 3420.)

Pluriel.

Sujet. Tuit le sevent PETIT è grant. (v. 11038.)
Régime. Mult i out de PETIZ è mult i out de granz. (v. 772.)

§. IV.

Assonnances en o.

OBLE.

Singulier.

Sujet. Ki mult est NOBLES è gentiz. (v. 14260.)
Régime. Mult le tint à cortoiz è à NOBLE et à sage. (v. 2376.)

Pluriel.

Sujet. Furent tuit NOBLE chevalier. (v. 5968.)
NOBLE vassal furent andui. (v. 12123.)
Régime. Des plus NOBLES è des gentilz
Mena od li freres è filz. (v. 14600.)

ORT.

Singulier.

Sujet. Heraut ki ert manant è FORZ. (v. 10978.)
MORZ est s'il pot estre trovez. (v. 13782.)
FORZ est li reis, FORZ est li dus. (v. 16250.)
Régime. Maiz li chastel truverent FORT. (v. 8490.)

Pluriel.

Sujet. E si sunt FORT por els desfendre. (v. 13313.)
E li dui furent FORT è fier. (v. 8422.)
Régime. Des FORZ è des meillors la terre delivroient. (v. 778.)
Li plus FORZ véissiez è li miex cumbatanz. (v. 4106.)

§. V.

Adjectifs des deux Genres.

La langue des trouvères, comme celle des troubadours, conserva à quelques adjectifs la qualité d'invariables ou communs quant au genre, ainsi qu'ils l'avaient originairement dans la langue latine.

Voici des exemples pris dans le texte imprimé du *Roman de Rou :*

Assonnances en A.

ESGAL leis, ESGAL paines, ESGAL mal vos atent. (v. 2030.)
Willalme prist sa fille par MARITAL droiture. (v. 2073.)
Maiz GRANT aïe li estuet;
Ne pot mie, sanz lor aïe,
Aveir GRANT gent è GRANT navie. (v. 11181—2—3.)
Od une hache mult TRENCHANT. (v. 13506.)
Mult i out ainz féru o l'espée TRENCHANT. (v. 4840.)
Ke ma seror ki est tant bele, tant VAILLANT. (v. 2322.)
O fondes è o arcs et o haches TRENCHANZ. (v. 4104.)
L'ewe est GRANT, fort la ville è bone gent i a. (v. 4142.)

Assonnances en E.

La veie est lunge è GRIEF. (v. 754.)
K'altre en fera encor de nos GRIEF pénitance. (v. 3112.)
De son felon pensé nos fet GRIEF pénitence. (v. 3114.)
E la MORTEL descunfiture. (v. 6291.)
TEL paiz firent come il porent. (v. 6418.)
Maiz jo ne sai par KEL raisun. (v. 11527.)
Maiz lunge esteit la rute arière
CONTINUEL et tote entiere. (v. 10338.)
E grant MORTEL descunfiture. (v. 6355.)

Assonnances en I.

Com se ce fust une VIL beste. (v. 700.)
Dous filles out entre li filz,
Ele è Cecile mult GENTILZ. (v. 9652.)

Une dameiselle GENTIL. (v. 6539.)
Une GENTIL dame esposa. (v. 15420.)

Assonnances en O.

En tot li mond n'a altretant
De si FORT gent ne si vaillant. (v. 12586.)
Ki orent turz è FORZ maisons. (v. 15967.)

Il est à remarquer que les adjectifs en OR furent également invariables.

De l'escumenge ont grant poor
E de la bataille GRAIGNOR. (v. 12362.)
N'a gaires MEILLOR terre soz la chape del ciel. (v. 1851.)
Des MEILLURS nefs unt sis choisies. (v. 6314.)

§. VI.

Degrés de comparaison.

Pour exprimer les degrés de comparaison, la langue des trouvères, de même que celle des troubadours, usa des adverbes de quantité, PLUS, MOINS, MIEUX, AUTANT, etc.

Quelques adjectifs conservèrent la désinence latine OR.

On trouve les exemples suivants dans le *Roman de Rou :*

Vint famine en la terre, n'i out unkes GRAIGNOR. (v. 1062.)
A son MEILLOR parent Willealme. (v. 11918.)
De tute Normendie manda la MEILLOR gent,
De Brétaigne manda li MEILLORS ensement. (v. 2367—8.)
Come al MEILLOR home k'il out. (v. 11920.

Outre le QUE pour désigner la relation avec le second terme de comparaison, les trouvères, comme les troubadours, employèrent la préposition DE. Cette forme était imitée de la langue grecque, qui employait le génitif.

Se il sont plus *de* nos ne nos chaille doter. (v. 4789.)
N'i a fame malveize ki miez *de* tei ne vaille. (v. 2199.)
N'est pas mains gentiz hons *de* moi. (Sainte-Palaye, v. 14541.)
Jà plus *de* vos seignor n'en fussent. (v. 11427.)

§. VII.

Pronoms personnels.

Les pronoms personnels qui indiquent la première et la seconde personne, sont de véritables substantifs qu'on pourrait désigner par le nom de *substantifs personnels.*

Ceux qui indiquent la troisième sont des substantifs relatifs qui se rapportent toujours à un nom précédent.

Voici le tableau des pronoms personnels que Robert Wace a employés :

PREMIÈRE PERSONNE.

Masculin et féminin.

	Singulier.	Pluriel.
Sujet.	Jo, je.	Nos.
Régime.	Me, mei.	Nos.

SECONDE PERSONNE.

Masculin et féminin.

	Singulier.	Pluriel.
Sujet.	Tu.	Vos.
Régime.	Te, tu.	Vos.

TROISIÈME PERSONNE.

	Masculin singulier.	Masculin pluriel.
Sujet.	Il.	Il. [1]
Régime.	Le, li, lui, se, sei.	Les, els, se, sei.
	Féminin singulier.	Féminin pluriel.
Sujet.	Ele, el.	Elles.
Régime.	La, li, se, sei.	Les, lor, se, sei.

Il suffira d'un petit nombre d'exemples :

Coment, dist-il, dei-JO grever
La gent ke JO dei governer? (v. 12082—3.)
Bel hoste, dist-il, JO voldreie
El duc parler se JEO poeie. (v. 7153—4.)

Ki NOS gart è ki NOS maintienge. (v. 10903.)

Come nos à ki vos parlez. (v. 11170.)

Mez IL furent veincu et en fuie tornerent. (v. 1054.)

---

[1] L'imprimé du *Roman de Rou* présente une faute qui ne peut être imputée qu'à l'inadvertance :

ILs *s'esturent.* (v. 12134.)

Ce n'est que bien tard que le pronom ou substantif relatif IL a pris l's au pluriel dans la langue française; tous les anciens documents et titres originaux portent IL.

Je relève l'erreur, afin qu'un jour on ne cite pas, comme exemple, le passage où on trouve cet ILs.

Li Normanz ala querre, mez trop tost ELS trova,
A ELS se cumbati. (v. 1295—6.)

§. VIII.

Pronoms ou Adjectifs possessifs.

On a judicieusement observé que MON, TON, SON ne sont pas des pronoms, attendu qu'on ne les emploie pas à la place de noms, mais que ce sont des adjectifs; on les appelle *possessifs*, parce qu'ils indiquent, dit-on, la possession; mais n'indiquent-ils pas plutôt la relation à la personne ou à l'objet dont il s'agit dans la proposition, c'est-à-dire le rapport direct avec le sujet ou le régime qu'ils modifient? Ce sont donc des adjectifs personnels. [1]

Voici le tableau de ces adjectifs, tels que l'auteur du *Roman de Rou* les emploie ordinairement.

Singulier.

	Masculin.		Féminin.
Sujet.	Mis, tis, sis.	*Sujet.*	Ma, ta, sa.
	Mes, tes, ses.		
	Miens, tuens, suens.		Moic, toie, soie.
Régime.	Mis, tis, sis.	*Régime.*	Ma, ta, sa.
	Mon, ton, son.		
	Mien, tuen, suen.		Moie, toie, soie.

[1] L'esclave qui dit MON *maître*, le captif qui dit MA *prison*, ne parlent pas de leur propriété, mais de ce qui affecte leur personne, etc.

Pluriel.

	Masculin.		Féminin.
Sujet.	Mi, ti, si.	*Sujet.*	Mes, tes, ses.
	Mis, tis, sis.		
	Mes, tes, ses.		
	Mien, tien, suen.		Moies, toies, soies.
Régime.	Mis, tis, sis.	*Régime.*	Mis, tis, sis.
	Mes, tes, ses.		Mes, tes, ses.
	Miens, tuens, suens.		Moies, toies, soies.

Singulier.

Nostres, vostres, lor.	Nostres, vostres, lor.

Pluriel.

Nostre, vostre, vos.	Nos, vos.

Il suffira de donner quelques exemples, et principalement de ceux qui prouvent que ces adjectifs étaient soumis à la règle des sujets et des régimes.

Sujet singulier. Se MIS augures ne ment. (v. 15213.)
Quant Loeiz SEZ sire de l'ost reperreit. (v. 3730.)
Ne castel qui SIENS fust. (ms. 6987. v. 15127.)
Mais or est MIENS et si est VOSTRES. (ms. 6987. v. 5800.)
VOSTRES peres li otria. (ms. 6987. v. 15896.)
Gohiers qui ert LOR conestables. (ms. 6987. v. 16172.)

Régime singulier. A SON veizin se fist confez. (v. 12484.)
Jo sui el MIEN, si gart le SIEN. (v. 9547.)
Ke NOSTRE dreit reconoissiez. (v. 12726.)
As chastels se fioient et en LOR grant lignage. (v. 839.)

Sujet pluriel. MI enemiz me vunt quérant. (v. 8854.)
Li dus et li SIEN s'en partirent. (ms. 6987. v. 12455.)

Enverz icele gent sont li NOTRE frarin. (v. 3434.)
E tel come LOR ancessor
Soleient fere à LOR seignor. (v. 11294—5.)
Ne il n'erent sor LOR destriers. (v. 16297.)

Régime plur. SIS chastels fist abatre è SIS murs gravanter. (v. 936.)
SEZ amis è SEZ hons è SEZ veizins préia. (v. 4752.

A Roem, dist li Roiz, fui bien entre li VOS. (v. 3052.)

E por LOR amis delivrer. (v. 16398.)

MA, MES, féminins, étant restés dans la langue, je me borne à citer encore les exemples suivants :

Sujet singulier. E ke vostre terre seit MEIE. (v. 10948.)
Ke LUR gent esteit despartie. (v. 7830.)

Régime sing. Tot sui prest de dreit fere en la TOIE merci. (v. 5111.)
Ki por la SOE amor se firent bauptizier. (v. 5146.)

Et en LOR grant mesnie.... (v. 840.)

Sujet pluriel. LUR kues furent retaillées. (v. 6791.)

Régime pluriel. A force font LUR bestes prendre. (v. 6017.)

§. IX.

QUE, QUI, QUEL, *adjectifs relatifs.*

La seule observation que je ferai, c'est que QUAL roman, de QUAL*em* latin, ayant été changé en QUEL français, conserva long-temps sa propriété d'adjectif commun aux deux genres.

Exemples tirés du roman de Rou.

Ne sout KEL part torner, quer totes parz dobta. (v. 922.)
KEL concorde fere voldreit. (v. 12333.)

Por oïr ke li dus direit
E KEL parole mandereit. (v. 12339.)
Alez KEL part ke vos volez. (v. 15139.)
A chois les mist KELS leis teindreient
E KELS costumes il voldreient. (v. 14125—6.)

CHAPITRE VIII.

ADJECTIFS INDÉTERMINÉS, AUTREMENT APPELÉS PRONOMS INDÉFINIS.

Dès l'origine de la langue, les uns furent substantifs, les autres adjectifs.

Quelques uns remplirent tour à tour les deux fonctions, et il y en eut même qui furent employés neutralement.

§. Ier.

HOM, ON, EN.

Poi u nient séussum dire
Se l'UM nes éust fet escrire. (v. 5249.)
Li primier ke l'UM dist Garin. (v. 7627.)
Quant HOM présent li aportout. (v. 7579.)
E li quens de Hanaut ke l'EN claime Regnier,
Ke l'OM dit al lonc-col, un vaillant chevalier. (v. 1072—3.)
Compainz è mestre fu Bier
Ke l'EN clamout Coste-de-fier. (v. 148.)

§. II.

ALTRE.

Singulier.

Sujet. C'AUTRES fesist avant ne puis. (ms. 6987. v. 10486.)
Que mors u AUTRES maus le tiegne. (ms. 6987. v. 10630.)

Régime. Tant li fet d'un è d'ALTRE, que menchonge que veir,
Ke il li vendi Chartres. (v. 1286.)
ALTRE chose dit k'il ne dut. (v. 505.)
Quant il ourent asez d'un è d'ALTRE parlé. (v. 3250.)

Pluriel.

Sujet. Li un muerent, li AUTRE vivent. (ms. 6987. v. 13923.)
Régime. Quer as unz ne as ALTRES n'aveit paiz ne trieves. (v. 1320.)

§. III.

ALTRUI.

ALTRUI fut des deux genres, au singulier et au pluriel.

Il fut employé adjectivement et substantivement.

E quant issi perdent la lor,
Cument querrez ALTRUI énor? (v. 12436.)
Ne ALTRUI éritez par forche ne prendreient. (v. 790.)
E vesku d'ALTRUI lermes, è d'ALTRUI gaaingnage. (v. 1871.)
L'ALTRUI sout è li suen bien prendre è doner. (v. 2511.)

§. IV.

PLUSOR.

PLUSOR, qui ne s'employa qu'au pluriel, fut des deux genres, et figura tour à tour comme substantif et comme adjectif : il a conservé jusqu'à présent ces qualités.

Sujet. Fuiant sunt alé li PLUSUR. (v. 6248.)
E mult en parlerent PLUSOR. (v. 14823.)

Régime. PLUSORS ont en alant ociz è défoulez. (v. 1773.)
Conter l'ai oï à PLUSORS. (v. 5498.)
E de PLUSURS guises tantant. (v. 5511.)
PLUSORS feiz le requist, PLUSORS feiz l'asailli. (v. 1103.)

§. V.

TOZ, TOT, TUIT, TOZ.

Singulier. *Sujet.* TOZ. *Régime.* TOT.

Pluriel. *Sujet.* TUIT. *Régime.* TOZ.

Singulier.

Sujet. Et TOUS li pules l'esgarda. (ms. 6987. v. 14416.)

Régime. E li paenz ont TOT wasté. (v. 330.)

Pluriel.

Sujet. TUIT furent d'un acort è d'une volenté. (v. 1179.)
Des trièves furent TUIT li clerc è li lai lié. (v. 5087.)
Li chamberlenc è li uissier
Furent TUIT noble chevalier. (v. 5967.)
Encore esteient TUIT paien. (v. 6873.)

Régime. Ne poiz de TOZ li colps retraire. (v. 13787.)
Doter se fist è criendre à TOZ. (v. 14825.)
Li vavassurs è li barunz
Unt TOZ mandé è TOZ semunz. (v. 8973.)

CHAPITRE IX.

PRONOMS DÉMONSTRATIFS *cel*, *cest*, ET DÉRIVÉS.

CES pronoms sont des adjectifs démonstratifs, quand ils sont joints immédiatement au nom auquel ils se rapportent.

Sujet.

CEST Karles fu Karles li caux. (v. 298.)
Mez CIL cunquest poi li valu. (v. 45.)
Se CESTE guerre dure, la terre iert degastée. (v. 1447.)

Régime.

Rou cunquist CELE terre come proz è hardiz. (v. 2201.)
A CEST cunseil tuit se teneient. (v. 12086.)
La gent de CEST païz est mult descunfortée. (v. 1442.)
Com errez vos en CEST païs? (v. 15725.)
Li jor de CELE ocisiun. (v. 6372.)

CEL, CIL, furent employés tour à tour comme substantifs, comme démonstratifs et comme partitifs.

Substantifs relatifs.

Tuit vindrent el cunte Richart,
CIL out pitié de sa sorur. (v. 6446.)
Garde, dient CIL, en l'escrit. (v. 512.)

Substantifs démonstratifs.

E CIL sor ki li sort torneit
En altre terre s'en aleit. (v. 214.)

Co dient CIL de saint Edmunt. (v. 6474.)
CIL furent tuit espoenté,
Quant il sorent la vérité. (v. 6310.)
CELS de Lune orent grant poor. (v. 524.)
E de CELS ki dedenz esteint. (v. 6763.)
La vilaine fu prise, et el duc Rou menée,
CELE recongnut tot. (v. 2020.)

Wace a employé ICEL.

ICEL ki mult aveit, tot perdi è lessa. (v. 2100.)
Maiz un d'ICELS k'il out menez. (v. 9395.)

Substantifs partitifs.

De mainte terre out soldeiers,
CELS por terre, CELS por déniers. (v. 13798.)

Ço, CEO, IÇO, ICEO, CEST, employés neutralement.

Sujet. Marriz en fu, ço lui pesa. (v. 14504.)
Ço m'est avis. (v. 8665.)

Régime. Vos direz ço ke vos voldrez,
Nos feron ço ke vos direz. (v. 11230—1.)
Por prendre ço ke jo demant. (v. 12544.)
Pur ço ke li reis diseit. (v. 8580.)
E mult ÇEO k'il cunseilla. (v. 7262.)
E grant joie de CEO ke li enfez fu nez. (v. 2262.)
Se IÇO ne volt fere, mult a li cuer félon. (v. 1863.)
Ço, li respont Richart, ICEO jo li otrei. (v. 5064.)
Bien ait, ço dist la fame, ki CEST nos gaaingna. (v. 2006.)

CHAPITRE X.

NOMS DE NOMBRE.

Je ne parlerai des noms de nombre que pour faire remarquer que Wace a observé deux règles.

L'une qui rend UN susceptible de recevoir le signe qui distingue les adjectifs sujets ou régimes.

L'autre qui marque de quelle manière on peut distinguer DEUX, quand il est sujet ou régime.

Singulier.

Sujet. E cument poiz par traïsun
L'ocist UN*s* homs en sa maisun. (v. 6529.)
Grant pose unt iloc demoré
Ke l'UN*s* à l'altre n'a parlé. (v. 12143.)

Régime. UN grant pan del mur abatirent. (v. 8542.)
Li barunz manda UN è UN. (v. 11282.)

Pluriel.

Sujet. Li UN fierent, li altre boutent. (ms. 6987. v. 13180.)

Régime. Mult les oïssiez grondillier,
Li UN*s* as altres cunseillier. (v. 12364.)

Sujets. DUI, ANDUI. *Régimes.* DOUS, AMBEDOUS.

Sujet. E li DUI furent fort e fier. (v. 8422.)
ANDUI furent bon chevalier. (v. 8421.)
AMBEDUI furent d'un accord. (v. 8489.)

Régime. O li DOUS chevals k'il menout. (v. 7566.)
D'AMBEDEU*s* parz unt és escuz
Maint colps de lances reçéuz. (v. 9112.)

CHAPITRE XI.

QUELQUES OBSERVATIONS SUR LES VERBES DE L'ANCIENNE LANGUE FRANÇAISE.

Les verbes employés dans le roman de Rou donnent lieu aux observations suivantes, qui constateront les formes grammaticales de l'époque.

J'ai supprimé quelques autres observations qui trouveront leur place ailleurs.

§. Ier.

Les pronoms ou substantifs personnels et relatifs, JE, TOI, IL, etc., étaient quelquefois supprimés au-devant des verbes.

Suppression de JO.

Ileuc unt à grant joie, | ne sai quanz jors esté. (v. 1209.)
| Ne sai ke puiz devint, ne parler | n'en oï. (v. 1292.)
Non ferez, ço dist Rou, ço | ne vos demant mie. (v. 1423.)

Suppression de TU.

Ke fais tu? Ke demores | ? Ke penses | ? Ke atens | ? (v. 4986.)

Suppression de IL *singulier.*

Boens homes è boens chevaliers
E boens clers | ama è | tint chiers.
L'iglise de l'arceveskie.....
| Fist abatre è fere grainur.....

Li munt Saint Michiel | estora,
Muines | i mist, mult | les ama,
Al compasser | mist grant entente;
Grant aveir | i mist è grant rente.
A Roen | mist grant manantie,
A Saint Oain en l'abéie.
E mult | i repairout suvent.....
De plusurs parz | fist pierre atraire;
Li mustier de Fescam | fist faire.....
Bien | le garni è richement. (v. 5849—69.)

Suppression de NOS.

E se nus voilent guerréier,
Bien | avum cuntre un chevalier
Trente u quarante païzans. (v. 6035—7.)
Einsi | porum aler as bois. (v. 6049.)
De tut | ferum nos volentez. (v. 6053.)

Suppression de VOS.

Tuit | estes morz s'un poi | targez,
Quer se | poez estre truvez [1]
Come mutuns | serez tuez. (v. 6301—3.)

Suppression de IL *pluriel.*

Forment | penserent d'els garir,
Quer nul ne velt de gré murir.
Des meillurs nefs | unt sis choisies,
Des plus prestes, des mielx garnies;
Grant poor | unt è mult | s'esmaient,
| Saillent as nés, les ancres | traient,

---

[1] Le manuscrit 6987 offre la bonne leçon grammaticale :

Tout estes mort s'un poi targiés
Se ci poes estre trouvé
Comme mouton seres tué.

Cordes | desmedlent, velles | tendent,
De la terre esluingner | entendent. (v. 6312—19.)
De kel[1] cuntrée | viegnent? Ke querent | è ù | vont? (v. 1230.)

§. II.

L'E ou l's final de la prèmière ou de la troisième personne du présent de l'indicatif des verbes était assez souvent supprimé.

Assonnances en A.

1re *personne*. Mielx AIM li colp k'il m'a duné. (v. 8189.)
Jo vos amoe, or vos AIM plus. (v. 12768.)
Seignors, dist Guert, bien SAI è vei
Ke mult estes en grant esfrei. (v. 12367.)
Ne SAI ke li reis respundi
Maiz jo SAI bien k'al duc failli. (v. 11370—1.)
Hui vos CLAIM quite cest servise. (v. 12729.)
Dites li ke jo GART la porte. (v. 9545.)

3e *pers*. Vien el rei, ço te MANT, de joste Elve passer. (v. 4483.
Paiz fera en ton gré, ço il te MANT par mei. (v. 5062.)

Assonnances en E.

1re *personne*. Jo l'en APEL noméement. (v. 14434.)
Du servise mi pere ATEN jo gueredon. (v. 3079.)
Ernouf haï li dus, jo ne m'en MERVEIL mie ; (v. 2642.)
Mez de ço me MERVEIL k'il fist tel félonie. (v. 2643.)
Coment, dist-il, DEI-jo grever (v. 12082.)
La gent ke jo DEI governer? (v. 12083.)
Mult CREIM Normanz è mult les dot. (v. 13004.)

3e *personne*. Or PENS li dus de sei desfendre. (v. 15925.)

---

[1] L'imprimé porte *kele*, mais le manuscrit de M. de Sainte-Palaye porte *quel*, conformément aux règles grammaticales du temps.

Assonnances en I.

1re *personne*. Maiz plusors dient è jel DI. (v. 12920.)
Par fei vos AFI, se jel truis. (v. 8888.)
Dex, dist-il, sire pere, ton saint nom GLOREFI,
Tei aor, tei DESPRI è verz tei me HUMELI. (v. 4378—9.)

Assonnances en O.

1re *personne*. Richard a proyet qu'il s'ACORT. (ms. 6987. v. 5844.)
Jo ne DOT pas de la victoire. (v. 12621.)
Boton, a dit Willame, jo ne mie os cumbatre. (v. 2180.)
Hubert, dist-il, os le jo dire? (v. 8851.)
Ne sai ke il quistrent, mez jo nes os blasmer. (v. 1957.)

3e *pers*. S'il al rei les ACORD, tuit li feront ses droiz. (v. 1404.)
Ne ki arme os cuntre els porter. (v. 9996.)

Assonnances en U.

1re *personne*. Mez fièble sui, maint mal me sent,
Ne CUID pas vivre lungement. (v. 618—9.)
Mult m'est doux li travail, quant jo KUID cunquester. (v. 2106.)
Nel REFUS mie par félonie. (v. 12759.)

3e *pers*. Tex KUID querre son pris ki quert son destorbier;
E tex KUID altre abatre ki tresbuche primier. (v. 4323—4.)
Cescun ki'l veit KUID k'il seit mort. (v. 585.)

§. III.

Souvent les premières personnes du pluriel des verbes n'avaient pas l's final, qui est aujourd'hui indispensable.

Indicatif.

Présent. Sire, ço dist Bernart, mult AVOM desiré. (v. 3363.)
Se boen seignor perdimes, boen l'AVOM recovré. (v. 3366.)

	AVUM l'estoire avant menée.	(v. 5347.)
	De Richart sun filz AVUM dit.	(v. 5350.)
	Tex membres AVUM cum il unt,	(v. 6028.)
	Et altresi granz cors AVUM.	(v. 6029.)
	Od la grant genz ke nus AVUM,	(v. 6047.)
	Des chevaliers nus DESFENDUM.	(v. 6048.)
	N'AVUM de li nul mal véu.	(v. 5563.)
	Tut RECEVUM en patience.	(v. 8184.)
	A ço k'il dira nus TENUM.	(v. 5590.)
	En north ALUM, de north VENUM.	(v. 5219.)
	En north FUM nés, en north MANUM.	(v. 5220.)
	SAVUM nus de viex tens parler.	(v. 5270.)
Futur.	De tut FERUM nos volentez.	(v. 6053.)
	Einsi PORUM aler as bois.	(v. 6049.)

Conditionnel.

Mult DEVRIUM maaing sufrir. (v. 8185.)

Impératif.

ALUN ça el cunte Richart,
Si nus METUM en son esgart. (v. 5586—7.)
ALIUM nus par serement,
Nos aveir è nus DESFENDUM. (v. 6032—3.)
E tuit ensemle nus TENUM. (v. 6034.)
Pur kei nus LAISSUM damagier?
METUM nus fors de lor dangier. (v. 6025—6.)

Subjonctif.

Ke en paiz ki durast FEUSSOM asséuré. (v. 3364.)
Poi u nient SÉUSSUM dire. (v. 5248.)
Dunt ores rien ne SÉUSSUM,
S'en escrit rien n'en ÉUSSUM. (v. 5252—3.)

§. IV.

Troisièmes personnes de l'Imparfait de l'Indicatif en OUT, OUENT.

Dans les trouvères la première personne de l'imparfait de l'indicatif est parfois en OUE ou OE, la seconde en OUES, OES, la troisième du singulier en OUT [1], et celle du pluriel en OUENT, OENT.

Le *Roman de Rou* offre des exemples des troisièmes personnes au singulier et au pluriel.

Singulier.

Li jur dormeit la noit VEILL*out*. (v. 6155.)
Et tant l'AM*out* li reis de France. (v. 6161.)
Et quant li dus TOURN*out*, TOURN*out*,
E quant AREST*out*, AREST*out*. (v. 13807—8.)
El bois s'AL*out* esbanoier. (v. 6183.)

Pluriel.

Normanz GARD*ouent* les iessues. (v. 10035.)
Qui LESS*ouent* lur avoé
Iver et esté defublé. (v. 8209—10.)
Ki li DON*ouent* tel cunseil. (v. 8483.)
La terre AL*ouent* purprenant. (v. 8527.)
E ço AL*ouent* la gent disant. (v. 9886.)
Robes PREN*oent* è PORT*oent*,
Preies CUEILL*oent* è CHAR*oent*,
Vilains BAT*oent* è TU*oent*,
La terre tute aveir KUID*oent*. (v. 6266—9.)

---

(1) *Grammaire comparée*, p. 244 et suiv.

§. V.

Le conditionnel, aujourd'hui en OIS à la première personne du présent, était alors en EIE.

Jo VOLDR*eie*
El duc parler, se jeo PO*eie*. (v. 7153—4.)
Ke vus CUNTER*eie* jo plus ? (v. 8141.)

§. VI.

Le mode que l'on a appelé impératif exprimait la prière, l'invitation ou le commandement par le présent de l'infinitif, quand la négation était employée.

Guert, dist Heraut, NE t'ESMAIER. (v. 13015.)
Va-t'en, dist-il, NE te TARGER. (v. 14931.)
Gis tei, dist-il, NE te MOVEIR. v. 5463.)

§. VII.

Participe passé.

Les participes passés, les adjectifs verbaux, furent soumis aux mêmes règles que les adjectifs simples, et l'auteur du *Roman de Rou* observa les nuances grammaticales qui caractérisaient spécialement les sujets et les régimes; on en trouve dans le texte imprimé un grand nombre d'exemples.

Assonnances en E.

Singulier.

Sujet. A grant honur fu CONRÉEZ.
E à grant honur ENTERREZ. (v. 7403—4.)

Régime Li quens l'ad à sei APELÉ. (v. 5646.)

Pluriel.

Sujet. Furent Bretun DESBARATÉ,
Ainz ke cil fussent ASSEMBLÉ. (v. 7870—1)

Régime. Des plus PREISIEZ, des plus AMEZ. (v. 5948.)

Assonnances en I.

Singulier.

Sujet. En Engleterre fud NURRIZ,
Pur ceo fud il transmarin DIZ. (v. 5356—7.)

Régime. Et Willealme l'out mult SERVI. (v. 10700.)

Pluriel.

Sujet. Se il les lait, mal sunt BAILLI. (v. 8092.)
Cil furent forment DESGARNI
E des manaces ESBAHI. (v. 9505—6.)

Regime. Issi unt lur chastels GARNIZ. (v. 8796.)

Assonnances en O.

Singulier.

Sujet. E puiz ke Loewis fud MORZ. (v. 5358.)

Regime. A terre l'unt MORT abatu. (v. 13873.)

Pluriel.

Sujet. Cil ki morent è ki MORT sont. (v. 15363.)

Regime. Maiz od li MORZ fu morz trovez. (v. 13983.)

Assonnances en U.

Singulier.

Sujet. Mais mielx volt-il estre BATUZ,
Ke il ne seit à li VENUZ. (v. 7254—5.)

Régime. E del mur k'il vit ABATU. (v. 8549.)

Pluriel.

Sujet.	Ne furent puiz en lieu VÉU,	
	K'il ne fussent bien CUNÉU.	(v. 6105—6.)
	Lores sunt el varlet VENU.	(v. 8119.)
Régime.	Des buz se plainst k'il out ÉUZ	
	E des colps k'il out RECÉUZ.	(v. 7252—3.)

CHAPITRE XII.

PREUVES QUE LES POÈTES CONTEMPORAINS DE ROBERT WACE OBSERVAIENT LES RÈGLES PRÉCÉDENTES.

Les autres écrivains du XIIe siècle connaissaient et observaient les règles auxquelles Robert Wace s'est constamment conformé.

On en jugera par quelques citations :

Voici surtout des vers de Benoît de Sainte-Maure, poète normand; il écrivit à la cour de Henri II, roi d'Angleterre, qui régna de l'an 1153 à l'an 1189.

Benoît de Sainte-Maure décrit ainsi l'époque du départ de Rollon pour la Normandie.

Quant vint el tens qu'IVERS devise,
Que l'erbe VERS point en la rise,
Lorsque florissent li RAMEL,
Et doucement chantent OISEL,
MERLE, mauvis, e LORIOL,
Et ESTORNEL e ROSSIGNOL,
La blanche FLORS pent en l'espine,
E reverdoie la gaudine,
Quant li tens est DOUZ et SOUEZ,
Lor partirent del port les nez. [1]

---

[1] *Archeologia..... by the society of antiquaries of London*, tome XII, page 322.

Substantifs.

Sujet singulier. IVERS, FLORS.
Sujet pluriel. RAMEL, OISEL, MERLE, LORIOL, ESTORNEL, ROSSIGNOL.

Adjectifs.

Sujet singulier masculin. DOUZ, SOUEZ.
Féminin des deux genres. VERS.

Quant li IVERS fu TRESPASSEZ
Vint li DULS tens e li ESTEZ;
Venta l'aure sueve e quoie,
Chanta li MERLES e la treie,
Bois reverdirent e PRAEL,
E gent florirent li RAMEL;
Parut la rose buen OLANZ
Et ALTRES FLORS de maint semblanz.[1]

Substantifs.

Sujet singulier. IVERS, ESTEZ, MERLES, FLORS.
Sujet pluriel. PRAEL, RAMEL.

Adjectifs.

Sujet singulier. DULS, ALTRES.

Adjectifs des deux genres.

Sujet singulier. OLANZ.

Là refunda PRIAMZ le ROIS
Qe tant fu SAGES è cortois.....
RICHES CHEVALIERS fu Dictis.

---

[1] *Archeologia*, tome XII, page 315.

Et comment li PALLADIONS
Fu del temple Minerve EMBLEZ
Et as Gregois dehors LIVREZ. [1]

Substantifs.

Sujet singulier. PRIAMS, ROIS, CHEVALIERS, PALLADIONS.

Adjectifs et participes.

Sujet singulier. SAGES, RICHES, EMBLEZ, LIVREZ.

Les vers suivants sont de Guernes du Pont-Sainte-Maxence.

TUIT li PHYSICIEN ne sont ades BON MIRE,
TUIT CLERC ne sevent pas bien chanter ne bien lire. [2]

Substantifs.

Sujet pluriel. PHYSICIEN, MIRE, CLERC.

Adjectifs.

Sujet pluriel. BON, TUIT.

Benoît de Sainte-Maure dit ailleurs, en parlant de la flotte des Danois :

Li mast dunt NUMBRES n'est PETIZ
Ne ressemblont mais PLAISSIZ ;
Avis esteit que fust UNS BRUILZ. [3]

Nul n'osant aler par chemin
Ne MARCHANT ne PELERIN. [4]

---

[1] *Histoire littéraire de la France*, tome XIII, page 425—6—7.

[2] *Archeologia*, page 324.

[3] Depping, *Histoire des Expéditions maritimes des Normands*, tome I, page 129.

[4] *Ibid.*, p. 161.

Le dicton picard, que La Fontaine rapporte Liv. IV, fable 16, est conforme à ces anciennes règles :

> BIAUx CHIRESs LEUPs, n'écoutez mie
> Mère tenchent chen fieux qui crie. [1]

[1] Beau sire Loup, n'écoutez pas
Mère tançant son fils qui crie.

J'indiquerai ici quelques uns des ouvrages imprimés dont les textes prouvent que la langue des trouvères fut soumise, non seulement aux règles précédentes, mais encore à d'autres que j'aurai occasion de constater ultérieurement.

Ces principaux ouvrages sont : les *Fabliaux et Contes des Poètes françois*, le *Roman de la Rose*, le *Roman du Renard.*

C'est au zèle infatigable de feu M. Méon que le public doit la jouissance de ces anciennes richesses de notre littérature.

M. de Roquefort a fait connaître les *Poésies de Marie de France*, et en a facilité l'intelligence par une traduction en langage moderne.

Je n'ai pas besoin de nommer le *Roman de Rou.*

M. Crapelet, éditeur et traducteur en langage moderne du *Roman du châtelain de Coucy et de la dame de Fayel*, a aussi acquis des droits à notre reconnaissance. D'autres loueront le mérite typographique de l'édition, et l'élégante fidélité de la traduction ; je me borne à dire que, sous le rapport des règles grammaticales, le texte de ce poëme, tel qu'il a pu être imprimé d'après le seul manuscrit qui en restait, présente l'observation la plus constante des principes qui ont constitué la langue des trouvères.

CHAPITRE XIII.

AVANTAGES DE L'INVERSION QUE PERMETTAIT LA DIVERSITÉ DES SIGNES POUR LE SUJET ET POUR LE RÉGIME.

LE texte imprimé du *Roman de Rou* porte, vers 286 :

> CHALLON li quart, d'altre moillier,
> Out li PERES tosjors plus chier.

Dans la construction directe que notre langue actuelle a adoptée, ce serait CHALLON qu'on regarderait comme sujet et PERES comme régime ; mais, dans la langue des trouvères, l'habile distinction que les règles établissaient entre le sujet et le régime empêchait toute méprise, et, dès le premier vers, le mot *challon* avertissait de l'inversion.

On jugera par cette seule citation de la variété des tours et de la flexibilité gracieuse qui auraient appartenu spécialement à la langue française, si elle eût conservé ses règles primitives.

Qu'on me permette de répéter ce que j'ai dit ailleurs : « L'amphibologie reprochée au vers de « Thomas Corneille,

> Le crime fait la honte et non pas l'échafaud,

« n'eût pas existé; car les règles de la langue ro-
« mane, adoptées par l'ancien français, eussent
« exigé pour crime et échafaud l's final, comme
« sujets au singulier :

Le crime*s* fait la honte et non pas l'échafaud*s*. »

APPENDICE.

Après avoir expliqué les principales formes grammaticales que le *Roman de Rou* fournit pour constater les règles de la langue des trouvères au XIIe siècle, je crois utile de publier quelques unes des nombreuses variantes que j'ai recueillies en conférant les manuscrits de ce roman.

J'ai distribué ces variantes dans l'ordre suivant :

1°. Celles qui présentent des rimes plus exactes;

2°. Celles qui rétablissent la mesure de quelques vers;

3°. Celles qui éclaircissent des amphibologies;

4°. Celles qui corrigent des contre-sens;

5°. Celles qui réparent des fautes commises contre la règle des adjectifs communs;

6°. Celles qui contiennent des vers omis.

J'avais rassemblé un très grand nombre de variantes pour prouver que, dans les divers manuscrits, et surtout dans le n° 6987, la règle qui, par la présence ou l'absence de l'*s* final, distingue les sujets ou les régimes, soit au singulier, soit au pluriel, avait été très généralement observée; mais j'ai pensé que la publication de ces variantes n'était point nécessaire en ce moment, puisque, d'une part, le texte imprimé m'a fourni les matériaux les plus abondants pour démontrer l'existence des règles grammaticales au XIIe siècle, et que, d'autre part, il était indifférent de placer dans cet appendice ces signes grammaticaux que les éditeurs du *Roman de Rou* ont pu négliger sans encourir aucun reproche, puisque le sens du texte n'en était pas modifié, et que le but principal de la publication du *Roman de Rou* était de faire connaître un monument historique.

Cependant, si l'on fesait une nouvelle édition du *Roman de Rou*, ces petits détails grammaticaux ne devraient pas être négligés.

§. Ier.

Choix de Variantes relatives aux Rimes.

Cunseillié unt toz *entre*,
Ke il le ferunt tot *altre*. (v. 15508—9.)

On lit dans le manuscrit 6987 :

Consillié ont *comunement*
Qu'il le feront tot *autrement*.

Li messagier se *despartirent*
En Normendie s'en *revinrent*. (v. 15922—3.)

Le manuscrit 6987 contient un mot qui rime exactement.

Li message s'en *departirent*
En Normendie *revertirent*.

Les vers 15974-5 portent :

Unt por li reis li dus *guerpi*,
Lor dreit seignor unt *deguerpi*.

Le manuscrit 6987 ne fait pas rimer le simple et le composé :

Ont por le roi le duc *guerpi*
Lor droit signor ont *relenqui*.

Les vers 16324-5 sont ainsi :

A Livrande a Robert *mandé*
E là l'aveit Robert *mandé*;

mais le manuscrit 6987 présente deux mots différents pour la rime :

A Liurande a Robert *trové*
Et là l'avoit Robers *mandé*.

Les vers 15878-9,

E de vos tien-jo è de *lui*
E hoem sui-jo à *amedui*,

offrent une faute de grammaire dans *amedui*, qui est sujet, et dont le régime est *amedous*.

Aussi la faute n'est pas dans le manuscrit 6987, où on lit un autre mot en rime :

Et de vous tieng jou et de *lui*
Et à cascun sui jou et *fui*.

§. II.

Vers dont la Mesure n'est pas exacte.

Le vers 5562 est de la sorte :

Bien è *léalement* ad vesku.

Cette version est fautive : 1°. le vers aurait un pied de trop; 2°. la langue du temps ne permettait pas l'E après LEAL. Il fallait dire LEA*l*MENT ou LOYA*u*MENT.

Aussi au vers 5588, l'imprimé dit :

Il nus jugera léalment.

C'est pourquoi nous devons admettre la variante du manuscrit 6987 et de celui du *British Museum* :

Bien et *loiaument* a vesqu.

Le vers 5652 a un pied de plus :

Cuntez à l'abé la verité.

Le manuscrit 6987 porte :

Contés à l'abé vérité.

On lit au vers 10149 :

Mal espeir a d'altrui prendre;

mais il manque un pied.

Le manuscrit 6987 corrige ainsi :

Mal espoir a d'autrui droit prendre.

Le même défaut se trouve au vers 10438 :

Cil fu mult de tuit ploré.

Le vers du manuscrit 6987 est :

Li dus fu mult de lui privés.

Il y a un pied de trop au vers 11772 :

Vit les escuz et armes atraire.

On lit dans le manuscrit 6987 et dans celui du *British Museum :*

Vit escus et armes atraire.

Il manque un pied au vers 12614 :

Et esturmans vos faldront.

Le manuscrit 6987 et le manuscrit du *British Museum :*

Et estrumans et nes faurront

Le vers 14012,

Ço fu li signe k'il out vencu,

a un pied de plus; il est exact dans le manuscrit 6987 et dans celui du *British Museum :*

Ce fu signes qu'il ot veincu.

Le pied qui est de trop au vers 15091,

Agaiz embuschent, portent cenbels,

n'est pas dans le manuscrit 6987 :

Gais embuscent, portent cenbiaus.

On trouve au vers 15213 :

Se mis augures ne ment.

Le pied qui manque à ce vers se trouve dans le manuscrit 6987 et dans celui du *British Museum :*

Se mis augures ne me ment.

Il manque aussi un pied au vers 15362,

Jà por plainte ne vivront,

qui est ainsi dans le manuscrit 6987 :

> Jà por plaindre ne revenront.

Le vers 15556,

> Tel parole el duc diseient,

manque d'un pied, qu'on retrouve dans le manuscrit 6987 :

> Tels paroles au duc disoient.

Le vers défectueux 15594,

> Ki li dus firent passer,

est exact dans le manuscrit 6987 :

> Qui le duc fisent mer passer.

Le vers 15761,

> Ki est relevée de gésine,

a un pied de trop qui n'est pas dans le manuscrit 6987, ni dans celui du *British Museum* :

> Ki relevée est de gésine.

Les vers 15816-7,

> Vostre merci, dist li reis,
> Ore avez dist ke corteis,

manquent chacun d'un pied; le manuscrit 6987 et celui du *British Museum* disent :

> Vostre merci, ce dist li rois,
> Or avés vous dit que courtois.

On lit au vers 15865 :

> N'en deit aveir mal talent;

mais ce vers a un pied de moins qui se trouve dans le manuscrit 6987 et dans celui du *British Museum* :

> N'en doit avoir nul marement.

Le vers 15867 a un pied de trop :

> Li dus ne li fereit se dreit non.

Le manuscrit 6987 et celui du *British Museum* portent :

> Li dus ne li fait se droit non.

Un pied manque au vers 16071 :

> Ki herneiz semblast à Brun.

Le manuscrit 6987 est exact :

> Qui de boin harnas sanlast Brun.

Il manque également un pied au vers 16081 :

> E de joster fist semblant.

On lit dans le manuscrit 6987 :

> Et de joster fist grant sanlant.

On trouve dans le vers 16288 :

> Ensemble aveit sez amis.

Ce vers faux est corrigé dans le manuscrit 6987 :

> Asamblés avoit ses amis.

Un autre vers faux, c'est le 16353 :

> Maiz mult fu entr'els célée.

Le manuscrit 6987 porte :

> Mais forment fu entr'aus celée.

§. III.

Variantes qui expliquent des Passages amphibologiques.

Le vers 7847,

Normant unt bien Bretun féruz,

manque de l'*s* final qui doit désigner que ce sont les Bretons qui ont été *férus*. Aussi le manuscrit 6987 dit :

Norman ont bien BRETONS ferus.

Le vers 8408 porte :

Li forz li fièbles damagierent.

La sorte d'amphibologie grammaticale qui se trouve dans ce vers n'existe pas dans le manuscrit 6987 :

Li fort les foibles damagoient.

On lit au vers 15928 :

Li dus a mult li reis doté.

Dus et *reis* ayant également le signe du sujet, on ne saurait si c'est le duc qui craint le roi ou le roi qui craint le duc; mais toute équivoque cesse dans le manuscrit 6987 et dans le manuscrit du *British Museum* :

Li dus a mult le roi douté.

Normanz fuient et Engleiz chacent. (v. 13347.)

On dirait que *Normanz* est un régime; mais le manuscrit 6987 et celui du *British Museum* portent NORMANT : ce qui ôte l'ambiguité, puisque *Normant* ne peut être que le sujet du verbe *fuient.*

Le vers 10137 dit :

Giffrei Martel li dus haï.

Cependant ce sens, qui supposerait que c'est le duc qui haïssait Geoffroi, n'est pas le sens de l'auteur; car il a voulu dire que c'était Geoffroi qui haïssait le duc :

Aussi lit-on dans le manuscrit 6987 et dans celui du *British Museum :*

Geffrois Martiax le duc haï.

Il y a amphibologie dans le vers 16116,

Dan Brun a si féru Robert;

mais elle n'est pas dans le manuscrit 6987, où on trouve :

DANS BRUNS a si feru Robert.

§. IV.

Variantes qui corrigent des Mots qui faisaient contre-sens.

Le vers 7341 porte :

Sainz *pierre* è sainz mangunel.

Outre qu'avec le mot *pierre,* le vers manque

d'un pied, la variante du manuscrit 6987 fournit la véritable leçon, *perriere,* instrument de guerre :

> Sans *perriere* et sans mangonel.

Les vers 5889-90 sont ainsi :

> A Baieues out *maladie ;*
> Viez huem ert jà si *afiéblie.*

Mais *afiéblie* ne pouvait pas se rapporter au masculin *huem ;* le manuscrit 6987 contient ces deux vers :

> A Baiues fu *enmaladi*
> Vix hom estoit si *afebli.*

Voici deux vers qui, sans doute, n'ont pas été tels dans le texte primitif :

> Quant li bun Richart finez *fu,*
> Li quens Richart, ki sun filz *fu.* (v. 7411—2.)

Il est bien évident que ces deux vers, qui riment par le même mot, n'ont pas été composés par l'auteur; aussi trouve-t-on dans le manuscrit 6987 :

> Quant li dus Richars fu *fenis*
> Li tiers Richars, qui fu ses *fis.*

§. V.

Variantes qui corrigent des Fautes commises contre la règle des Adjectifs communs.

> Grant fu la fuie è grant la cace;
> Mult fu des morz *grande* la trace. (v. 7886.)

Il est certain que le copiste a commis une erreur, quand il a employé le mot *grande,* puisque l'adjectif *grant* était, dans le vers précédent, employé comme des deux genres.

Aussi le manuscrit 6987 porte :

> *Grans* fu li fuite et *grans* li cache;
> Mult fu des mors *longe* li trache.

Au vers 9682 :

> *Teles* paroles diseit sevent,

outre que *teles* pèche contre la règle des adjectifs communs qui exigeait *tels*, le vers aurait un pied de trop.

Le manuscrit 6987 et le manuscrit du *British Museum* offrent :

> *Teus* paroles disoit sovent.

Le vers 14596 est ainsi :

> Ne sout *kele* part deust aler.

Il présente une double faute dans *kele ;* comme adjectif commun, il fallait *kel* pour la grammaire et pour la mesure exacte du vers.

Le manuscrit 6987 et celui du *British Museum* disent plus exactement :

> Ne set *quel* part déust torner.

On lit aux vers 12575-6 :

> *Teles* felunies è plusors
> K'il unt fete à nos ancessors.

Le manuscrit 6987 et celui du *British Museum* portent :

> *Ces* felonies et pluisors
> Qu'il ont fait à mes ancissors.

Teles est contre la langue, et donne un pied de plus au vers.

Les vers 10439-40 sont ainsi :

> Lunge est la geste des Normanz
> Et à metre est *grieve* en romanz.

Ce texte offre une faute, attendu que le mot *grief* est des deux genres; aussi le manuscrit 6987 les rapporte ainsi :

> Longe est l'estoire des Normans
> Et à metre est *gries* en romans.

Le vers 10721 dit :

> Mult *gentile* dame estre dut,

tandis que dans le manuscrit 6987 et dans le manuscrit du *British Museum* on lit :

> Mult *gentix* dame, etc.

Le vers 7237 manque aux règles en disant :

> Ne de *kele* part li retur.

Kel était des deux genres.

Le manuscrit 6987 donne ainsi ce vers :

> Ne de *quel* part on le retourt.

§. VI.

Vers omis.

J'ai remarqué dans le *Roman de Rou* deux sortes de lacunes.

L'une est celle qui laisse des vers sans rimes; il est évident qu'il en manque un ou plusieurs.

Au surplus, j'ai reconnu que Wace, lors même qu'il offre de suite plusieurs vers monorimes de huit pieds, ne les donne jamais impairs; aussi les manuscrits m'ont fourni l'occasion de remplir quelques omissions que l'imparité des vers me faisait soupçonner.

L'autre genre de lacunes est celui où manquent des passages complets qui, rimant ensemble, se trouvent dans d'autres manuscrits; passages dont l'absence n'était pas remarquée dans le récit, parce que le sens n'en souffrait pas.

Voici quelques exemples d'omissions de vers; quelques uns méritent d'être connus :

Après le vers 3125,

> De cunseil ai mestier, se vos le saviez,

le manuscrit de M. de Sainte-Palaye ajoute :

> Et je feroie tout quanque que vous vouliez.

Le vers 3133 porte :

> Richart, Osmont son mestre ne sont pas forvoiez.

Ensuite on lit ce vers dans le manuscrit de M. de Sainte-Palaye :

> Richart, Osmont son mestre ne sont mie esbahiz.

Ce vers commence une suite de monorimes en *iz*.

Après le vers 3134,

> Tant jut è tant juna ke mult fu aflebiz,

le manuscrit de M. de Sainte-Palaye fournit :

> Les piez plaint et le cuer, granz plainz gete et grant criz.

Le vers 6012,

> E tant bailliz viez è nuvels,

est suivi, dans le manuscrit 6987, de ceux-ci :

> Et tant serjans et tant barriers,
> Tant graverens, tant forestiers.

Aux vers 6134-6, on ne trouve que trois rimes en A; il manque donc un vers, et il est ainsi dans le manuscrit 6987 et dans celui de M. de Sainte-Palaye, lesquels, après le vers,

> Li homes Richart guerréia,

ajoutent :

> Richars sovent le castia.

Voici une double correction; au lieu des vers 6562-3,

> Sa sorur li ad demandée,
> Kar bien i esteit alosée,

il y a dans le manuscrit 6987 :

Sa seror li a demandée
Havi que il avoit amée,
Cius li a volentiers donée
Car ben i estoit aloée.

Il en est de même des vers suivants,

E de Drewes une partie
Ki apartient à Normendie, (v. 6594—5.)

qu'on lit ainsi dans le manuscrit 6987 :

Et de Droees l'une moitié
Ki a cel tans ert de son fié
Et de la terre une partie
Ki apartient à Normendie.

Les vers 6664-8 offrent cinq rimes en *unt*; il manque donc un vers.

C'est après le 6666,

E kels as kerneaux esterunt,

qu'on trouve, dans le manuscrit 6987 et dans celui du *British Museum* :

Et les bretesques desfendront.

Après les vers 6775-6,

As Normanz unt turné li dos,
Tuit descovert è tuit desclos,

le manuscrit 6987 place ceux-ci :

Et Normant après esperonent
Ki espes cols et grans lor donent.

Les vers 7001-2 portent :

> Li primier filz ki d'els naski
> Fu Willame, puiz fu nez Gui.

Le manuscrit 6987 dit ensuite :

> Jou ne sai par quel ocoison
> Williams Testardie ot non.

A la suite du vers 7642 :

> Grant preie aveient acuillie,

dans le manuscrit 6987 et dans celui de M. de Sainte-Palaye, on trouve ceux-ci :

> Le grant gaaing ont convoitié,
> Si ont avant ben chevauchié.

Après le vers 7940,

> Al fié de Normendie appent,

le manuscrit 6987 fournit :

> Cou est la terre u jou nès fui,
> Là fu li dus Ewars od lui.

Cette variante,

> Cou est la terre u jou nès fui,

m'a paru importante, puisqu'elle rappelle ce que Wace dit ailleurs, qu'il est né dans l'île de Jersey.

Le vers 8040,

> Et en l'estrain fu seul lessiez,

est suivi de ceux-ci dans le manuscrit 6987 :

Cele qui primes le rechut,
Ne sai com ala ne que dut,
En un lit d'estrain le coucha
Endementiers c'ailleurs torna
Li enfes, etc.

Le vers 8422,

E li dui furent fort è fier,

précède ceux-ci du manuscrit 6987 :

Andoi orent rices maisnies,
Lor terres ont mult damagies.

A la suite du vers 8500,

Portes abatre, murs grater,

le manuscrit 6987 donne :

Mult veissies Normans plorer
Et lor ancissors regreter.

Le vers 9097,

C'est l'enseigne de Normendie,

offre ensuite ceux-ci dans le manuscrit 6987 :

Neel crie Saint Sauveor ;
Ço est l'ensegne de s'onor.

Aux trois vers 9290-2, qui riment en *oi*, manque le quatrième que fournit le manuscrit 6987.

Après le vers,

Ci cinc sunt, ci siz è ci troi,

ce manuscrit ajoute :

Donc a passer ont grans effrois.

De même on ne trouve que trois vers rimant ensemble aux 9341-3 : après le vers,

Li novels chastels abatirent,

le manuscrit 6987 et celui du *British Museum* contiennent :

Se mal penserent si covrirent.

Une note de l'imprimé annonce que l'éditeur a rejeté le vers, fourni par le manuscrit de Duchesne,

Se mal penserent, si encorurent,

comme n'étant satisfaisant ni pour la rime, ni pour la pensée.

Le manuscrit de M. de Sainte-Palaye offre *encourirent.*

Le vers 9425 porte que le château

N'ert mie à prendre par assalt.

Cette idée est développée dans le manuscrit 6987 par ces deux vers :

Fors ert li lius et desfensables
N'ert mie par assaut pernables.

Après le vers 11664,

En ont un chastelet fermé,

le manuscrit 6987 et celui de M. de Sainte-Palaye donnent cette circonstance :

Environ fisent un fossé,
Si i ont fait grant fremeté.

Un passage évidemment fautif, c'est le suivant des vers 12266-9, où le même mot fournit les deux rimes :

E le kel d'eus l'altre occireit,
U ki vis veincre le porreit,
Tute Engleterre quite éust,
Ke l'altre gent mal n'en éust.

Le manuscrit 6987 et celui de M. de Sainte-Palaye s'accordent à donner la même variante :

Et li quels d'aus l'autre vaincroit
Que vis escaper s'en porroit
Le regne éust tot cuitement,
Et pis n'en fust à autre gent.

Après le vers 12526,

Et en treis lieus les assaldreient,

au lieu des neuf suivants de l'imprimé, on lit dans le manuscrit 6987 :

Quant li dus les vit aprestés,
Et de combatre entalentés,
Je voel, dist-il, à vos parler;
Mult vos doi et voil mercier
Et por m'onor, et mon preu querre
Passastes mer en ceste terre.

Le vers 13070,

Là fu li mielx, là fu li plus,

est suivi, dans le manuscrit 6987, de ceux-ci :

La fu li fleurs de Normendie
Et la millors chevalerie.

Le vers 13194 porte :

La gent englesche : UT s'escrie.

le manuscrit 6987 ajoute :

Cou est l'ensegne que jou di,
Quant Engles saient hors à cri.

Après le vers 11659 :

A la terre l'ont traïné,

le manuscrit 6987 donne en outre celui-ci,

Que li cuens deu i ot porté.

Les vers 13389-90,

En sa cumpaigne out chent armez,
De plusors armes atornez,

sont conformes au texte du manuscrit de M. de Sainte-Palaye; mais le manuscrit 6987 les donne ainsi :

Cent armés ot en sa compaignc,
Caint ot espée d'Alemaigne.

Après le vers 13408,

Colpa k'à terre vint li fers,

le manuscrit de M. de Sainte-Palaye corrige :

De la hache qui fu trenchant,
Et li chevauls chaï avant;

autrement ce dernier vers serait sans rime.

Le manuscrit 6987 et celui du *British Museum* disent : *Qui fu pesant.*

Après le vers 13423,

> Nostre est li champ sor les Engleiz,

le manuscrit 6987 fournit ces deux vers :

> Et li François s'esvertuerent
> Contre terre l'Engles tuerent.

Aux vers 13634-5, on trouve :

> Robert Bertram ki esteit torz,
> Mult i out homes par li morz.

Il est évident qu'il manque des détails intermédiaires, et que ces deux vers n'offrent pas un sens clair. Voici la version du manuscrit 6987, de celui de M. de Sainte-Palaye et de celui du *British Museum* :

> Robers Bertrans qui estoit tors,
> Mais à ceval estoit mult fors ·
> Cil avoit o lui grans effors,
> Mult i ot homes par lui mors.

Après le vers 13636,

> Li archier du val de Roil,

on lit dans le manuscrit 6987, dans celui de M. de Sainte-Palaye et dans celui du *British Museum* :

> De Roel
> Qui estoient de grant orgoel.

Les détails contenus dans les trois vers 13806-8,

relatifs à Toustain qui portait l'étendard à la bataille de Hastings,

Chevalier proz è renomez ;
Et quant li dus tournout, tournout,
E quant arestout, arestout,

sont exprimés en sept vers dans le manuscrit 6987 :

Chevaliers preus et renomés,
Toustains le fist hardiement
Le gonfanon tint haut au vent.
De jouste le duc chevaucoit,
Quel part que il aloit, aloit,
Et quant li dus tornoit, tornoit,
Et quant il s'arestoit, estoit.

Après le vers 13850,

Kar des Normanz mult destruieit,

le manuscrit 6987 ajoute :

Mult se prisoit et mult erroit,
Et mult s'aloit et mult tornoit.

Il manque évidemment un vers après le 13861,

Por poi k'il nel fist tresbuchier,

qui reste sans rime.

Le manuscrit 6987 et celui du *British Museum* fournissent le vers qui satisfait à la fois au complément du sens et à la rime :

Mais mult le fist avant ploier.

Les trois vers 14050-2 manquent du quatrième, nécessaire pour compléter la rime.

Aussi le manuscrit 6987, celui de M. de Sainte-Palaye et celui du *British Museum*, donnent celui-ci vec les trois autres :

Mult veissies au desarmer.

Le vers 14499 porte :

Out li filz poiz Ros à sornom.

Le manuscrit 6987 offre les détails suivants :

Noient por cou que il rous fust,
Ne que il rous caviaus eust,
Mais mult fu rous, ce m'a cil dit
Qui le roi rous connut et vit.

Après le vers 15007,

Tant ke li sorses sormonta,

le manuscrit 6987 contient ceux-ci :

Donc à primes outre passa
Si que as eves n'adesa.

A la suite du vers 1517·,

Dunc il l'ocist si com l'en dist,

on lit dans le manuscrit 6987 :

Li rois monta et tot monterent
Brakes et ars tries exporterent.

Et après le vers 15175,

Maiz à grant dol se despartirent,

le manuscrit 6987 ajoute :

Car li rois et li chevalier,
Et cil qui estoient archier,

S'afusterent, lor ars tendirent
Les chers k'i vinrent atendirent.

Les trois vers 15224-6 manquent d'un quatrième pour la rime; cette lacune est remplie par le manuscrit 6987, où, après le vers 15225,

Poiz noef, poiz dis, à grant desrei,

on trouve celui-ci :

Henri misent en grant effroi.

Au vers 15471,

Ceignent espées, mult manacent,

le manuscrit 6987 et celui du *British Museum* ajoutent ces deux vers :

Delivrement és destriers saillent,
Escus as cols, lor lances baillent.

Le vers 15679,

Se par li ne li est rendue,

est suivi de ceux-ci dans le manuscrit 6987 :

Se par lui ne le recovroit
Ja recovrer ne le cuidoit.

Au lieu des vers 15701-2,

Maiz se vos creire me volez, etc.,

on lit dans le manuscrit 6987 :

Vilonie et hontes seroit
Mais mult vos est ben escaoit,

Car se vos boin consel avés,
Et se vos croire me volés,
Tous les deniers c'au duc devés
De cest regne k'en pais tenés.

Au vers 15815,

De vos bels aveirs me dorrez,

le manuscrit 6987 ajoute :

De biaus avoirs m'apaierois
Et jes prendrai que cou est drois.

Le vers 15820,

Li reis fist requerre è requist,

est suivi de ceux-ci dans le manuscrit 6987 :

Que ses barons lor fies rendist,
Vilonie est que cou perdoient
Que lor pere tenir soloient;
Li rois dist que ben le fera,
Mais à sa gent en parlera
Etc., etc.

Après le vers 15849,

E cels de Danfront en Passeiz,

on lit dans le manuscrit 6987 :

Que li rois devoit garantir
Et qu'il devoit cuites tenir.

A la suite du vers 15951,

Ki ne pout estre apaisie,

le manuscrit 6987 fournit :

De si là que li dus fu pris
Et que li rois ot tot conquis.

Après le vers 15963,

> Mult out od li grant gent et a,

le manuscrit 6987 et celui du *British Museum* fournissent ceux-ci :

> Cil de Costentin le reçurent,
> De sa venue tot lié furent.

A la suite du vers 15879,

> As cimetieres tot atraient,

le manuscrit 6987 contient :

> As cimentieres se logierent
> Totes lor bestes i cacierent.

A ce vers 16063,

> De la cité mult gent essaient,

le manuscrit 6987 ajoute :

> De la cité citeain viennent
> Les portes gardent, bien se tiennent.

Le vers 16115,

> Si ke de totes parz les virent,

est suivi, dans le manuscrit 6987, de ceux-ci :

> Cele jouste fu ben véue,
> Ben eslaissie, ben férue.

Après le vers 16125,

> Et à l'arçon detriers cosu,

le manuscrit 6987 offre ces circonstances :

> Par desous le neu du braioel,
> Mais nel fist mie de son voel,

Li fist la lance outre passer
Et en l'arçon detrier serer.

Le vers de l'imprimé 16209 porte :

Ki a guerpi son dreit seignor;

ensuite on trouve dans le manuscrit 6987 :

Li chevalier les manecoient,
Et à crier les destorboient,
Et nequedent sovent cluignoient
Qu'il criaissent cou qu'il crioient,
Par parole lor deffendoient,
Et par signes les semonoient.

Le vers 16315,

Li graanta en plusurs lieus,

est suivi de quatre autres dans le manuscrit 6987 :

Et Longevile et Vaus sor ore,
Et Colombier et ont encore,
Li oir Robert de Saint Romie
Sorseve une eve empres Croilie.

FIN.

ERRATA.

Aux pages 2, 3, 28, 32, *au lieu de*, du s; *corrigez :* de l's.

Aux pages 28, 32, *au lieu de*, le s; *corrigez :* l's.

Page 20, ligne 19, *au lieu de*, ont; *lisez :* out.

Page 28, ligne 3, au lieu de, *Élémens;* lisez : *Éléments.*

www.ingramcontent.com/pod-product-compliance
Ingram Content Group UK Ltd.
Pitfield, Milton Keynes, MK11 3LW, UK
UKHW022111190726
13855UKWH00002B/793

9 782013 379847